Bechheim • Erfolgreiche Kooperationsspiele

Yvonne Bechheim

Erfolgreiche Kooperationsspiele

Soziales Lernen durch Spiel und Sport

6. Auflage

Limpert Verlag Wiebelsheim

Yvonne Bechheim
E-Mail: y.bechheim@t-online.de

Die Ratschläge in diesem Buch sind von der Autorin und dem Verlag sorgfältig erwogen und geprüft worden, dennoch kann keine Garantie übernommen werden. Eine Haftung der Autorin bzw. des Verlages und seiner Beauftragten für Personen-, Sach- und Vermögensschäden ist ausgeschlossen.

Bibliografische Information Der Deutschen Bibliothek
Die Deutsche Bibliothek verzeichnet diese Publikation in der Deutschen Nationalbibliografie; detaillierte bibliografische Daten sind im Internet unter http://dnb.ddb.de abrufbar.

6., aktualisierte Auflage 2023

www.limpert.de

Zeichnungen: Kasia Sander, Recklinghausen
Druck und Verarbeitung: TZ-Verlag & Print GmbH, Roßdorf
Printed in Europe
ISBN: 978-3-7853-2007-5

Inhalt

Einleitung

Wir leben in einer leistungs- und wettbewerbsorientierten Gesellschaft. Arbeit, Leistung und Wettbewerb als prägende Faktoren kommen dem Leistungs- und Konkurrenzdenken entgegen, so dass kaum noch Platz für kooperative Verhaltensweisen besteht.
Schon von klein auf werden Kinder auch im Sport an das Leistungsstreben herangezogen. So wird aus dem Hüpfen ein Springen, das schließlich gemessen und verglichen wird, und aus dem Werfen und Fangen des Balles entsteht ein Mannschaftsspiel, in dem sich jeweils die Leistungsstärksten zusammenfinden.
Sind die Erfahrungen unserer Grundschulkinder ausschließlich von Wettkampf und Konkurrenz geprägt, so führt dies zu einem rein konkurrenzorientierten Verhalten. Hier verhindert Leistungsdruck ein solidarisches Handeln – nicht nur im Sport, sondern in der Gesellschaft allgemein.
Es gilt zu fordern und gleichzeitig als primäres Ziel die Kooperationsbereitschaft bei Kindern zu fördern und sie damit auf ihr späteres Leben vorzubereiten. Kinder, die mit Kooperation und in Akzeptanz unabhängig von ihren Leistungen aufwachsen, haben eine viel größere Chance, ein stärkeres Selbstkonzept zu entwickeln.
Einen wesentlichen Beitrag zur Ausbildung der Kooperationsbereitschaft geben die Kooperativen Spiele. Hier kooperieren alle miteinander – jeder gewinnt und niemand verliert. Eine Aussonderung schwächerer Kinder unterbleibt, vielmehr werden diese in die Gemeinschaft mit einbezogen. Eine große Stärke liegt in ihrer Vielseitigkeit und Anpassungsfähigkeit. Im Idealfall lassen sie sich sowohl bei kleinen wie bei großen Gruppen, als auch unter unterschiedlichen äußeren Bedingungen einsetzen. Somit sind sie nicht nur auf den Sportunterricht beschränkt, sondern können auch ohne weiteres im Klassenzimmer, auf dem Flur, auf dem Pausenhof oder auf der Wiese gespielt werden.

1. Wo erlernen Kinder die Fähigkeit zur Kooperation?

Bereits im Kindesalter sollte die Fähigkeit zur Kooperation und zum kooperativen Handeln erlernt werden. Die Lernfähigkeit des Kindes ist zwangsläufig abhängig von seinem Umfeld, insbesondere von seinen Mitmenschen, deren pädagogischen Fähigkeiten und auch dem Angebot an Spiel- und Sportgeräten. Das Umgehen mit den Familienmitgliedern, der Halt in der Familie, der Sportverein, der Kindergarten und die Schulen sind einige Faktoren und Stationen, die das Handeln der Kinder beeinflussen.
Die Beeinflussung der Kinder kann sowohl durch ein aktives Tun als auch durch passives Unterlassen der Bezugspersonen erfolgen. Wie oft sieht man zankende Geschwister, die untereinander kein Spielzeug tauschen wollen. Oder auf dem Kinderspielplatz gibt es wegen eines Platzes auf der Schaukel Krach. Im Kindergarten spielen die Kinder nicht in kleinen Gruppen miteinander, sondern jedes Kind sitzt in seiner eigenen Ecke. Wie können Eltern, Erzieherinnen, Lehrer und sonstige Bezugspersonen von ihren Möglichkeiten, auf die Kinder Einfluss zu nehmen, sinnvoll Gebrauch machen?
Erforderlich sind rechtzeitige geeignete – alle Entwicklungsstufen des Kindes begleitende – Gespräche der Bezugsperson mit dem Kind. Anderseits müssen jederzeit geeignete Spielsachen bzw. Spiele zur Verfügung stehen, die einer zielgerichteten Förderung der Entwicklung dienen.

Ohne das verständnisvolle Zusammenwirken aller Beteiligten kann eine Änderung des konkurrenzorientierten Denkens nicht herbeigeführt werden. Änderungen sind gefragt und den Beitrag dazu können und müssen Familien, Kindergärten und Schulen geben.

1.1 Kooperation in der Familie

Die Familie kann man als eine kleine Gemeinschaft bezeichnen. Früher, in der Zeit der Großfamilie, galt dies sicherlich noch mehr als heute. Ihre Mitglieder sollten füreinander da sein, einander helfen und jeder sollte sich um das Wohlergehen des anderen kümmern.
In der Familie lernt das Kind – durch die Erziehung – die Gemeinschaft als gesellschaftliche Institution kennen. Es lernt, welche Bedeutung die Menschen in seiner unmittelbaren Umgebung mit ihren Worten, Gesten, Mienen und mit ihrem Tun und Lassen verbinden. Es lernt, sich selbst bestimmte Verhaltensweisen bzw. vorsprachliche und dann auch sprachliche Ausdrucksformen anzueignen, die die anderen verstehen und gelten lassen.
Durch das Aufwachsen in der Familie lernt das Kind gemeinschaftliches Denken. Es wird zur Kooperation herangezogen, nicht nur mit den Geschwistern sondern auch mit den Eltern. Auch das Teilen der Spielsachen oder das Helfen der Mutter bei der Hausarbeit müssen erst erlernt werden. Es ist daher zunächst einmal Aufgabe der Eltern, ihren Kindern kooperatives Denken beizubringen. Wer in einer Gemeinschaft lebt, muss kompromissbereit und tolerant sein.
In diesem Zusammenhang sei noch kurz auf die Einzelkinder hinzuweisen, die es oftmals schwer haben, in einer Gruppe aufgenommen und akzeptiert zu werden. Sie haben nicht die Möglichkeit, durch und mit ihren Geschwistern Wünsche, Vorstellungen, Erwartungen usw. zu teilen und wahrzunehmen. Deshalb ist bei ihnen die Gefahr von egoistischen Verhaltensweisen, die man als Teil einer Gruppe unterdrücken muss, selbstverständlich größer. Einzelkinder bedürfen

daher nicht nur einer intensiven Beschäftigung, sondern sollten so früh wie möglich mit anderen Kindern zusammengebracht werden – entweder mit Kindern aus der Nachbarschaft, in Kindergruppen, im Mutter- und Kind-Turnen etc.

In der Gesellschaft wird schon genug Konkurrenzhaltung, Ehrgeiz und Kampftrieb geschürt und verlangt. Die Familie, insbesondere die Eltern müssen diesem entgegen wirken und das Kind zum Teilen und Helfen ermutigen. Dieses kann erreicht werden, wenn sie mit ihren Kindern konkurrenzfreie, eben „Kooperative Spiele" spielen. Nicht nur Eltern und Kinder, sondern auch die Geschwister unter sich sollten zu diesen Spielen greifen. Auch auf Kindergeburtstagsfeiern, wo viele Kinder zusammen kommen, lassen sich diese Spiele gut verwirklichen und weitertragen.

Das Argument, Kooperative Spiele seien zu mild und würden eine Flucht aus der Wirklichkeit bedeuten, da unsere Gesellschaft eine Konkurrenzgesellschaft sei und die Kinder auf diese vorbereitet werden müssten, ist nicht tragbar. Das sogenannte Abhärten der Kinder für die „harte" Welt ist nicht zu empfehlen, denn ein Mensch, der als Kind zur Partnerschaft erzogen wird und nicht zum Gewinnen um jeden Preis, wird sich als Erwachsener weniger betroffen und unglücklich fühlen, wenn er mal aus einem Konflikt nicht als Sieger hervorgeht. Es wirft ihn nicht um, wenn er – in der Konkurrenzgesellschaft lebend – sich nicht immer durchsetzt.

Auf das Fundament, welches die Familie mit ihrer Erziehung setzt, bauen Kindergarten, Schule und sonstige Institutionen auf. Auch diese sollten nicht nur wettbewerbs- und konkurrenzorientiertes Denken und Handeln lehren, sondern Kooperation fördern.

1.2 Kooperation im Kindergarten

Der Kindergarten ist eine familienergänzende Institution. Die Kinder bekommen von den Eltern Zuneigung, Wärme und Liebe, wodurch sie die richtige Basis haben, in der Gesellschaft zu bestehen. Der Kindergarten bietet ihnen darüber hinaus die Gruppenförderung und Gruppenerziehung. Vielfach wird an den Kindergarten auch die Erwartung herangetragen, Defizite in der familiären Erziehung auszugleichen.

Ab etwa dem dritten Lebensjahr vollzieht sich in der Entwicklung des Kindes eine bedeutsame Wandlung: Das Kind löst sich von der Mutter, wird selbstständiger und sucht einen weiteren Erfahrungs-, Erlebnis- und Betätigungsbereich als sein Kinderzimmer oder die Wohnung.

Direkt beim Eintritt in den Kindergarten wird das Kind Mitglied einer Gruppe, die sich aus den Erzieherinnen und einer bestimmten Anzahl von Kindern zusammensetzt. Hier muss es lernen, mit verschiedenen Individuen auszukommen und umzugehen. Dies ist ein schwieriger Prozess, denn das Kind verlässt die gewohnte Umgebung und wird Teil einer fremden Gemeinschaft. Hier ist es eines unter vielen – anders als in der Familie, wo es – vor allem als Einzelkind – die unangefochtene Vormachtstellung hat. Somit ergeben sich im Vergleich zur Situation im Elternhaus gewisse Einschränkungen für das Kind:

- Es ist erstmals für mehrere Stunden von der häuslichen Umgebung und den Eltern getrennt.
- Es ist mit einer großen Gruppe Gleichaltriger zusammen und macht neue, zum Teil konfliktreiche soziale Erfahrungen.
- Es muss sich die Erzieherin als Bezugsperson mit der ganzen Gruppe teilen.
- Es ist bei aller Freiheit, die gewährt wird, der Ordnung des Kindergartens unterworfen.

Diese Veränderungen wird das Kind in der Regel schnell verkraften, wenn ein entsprechendes Angebot an Spiel- und Freiheitsraum sowie qualifizierte Erzieherpersönlichkeiten vorhanden sind. Bei der Bewältigung dieser neuen Einflüsse helfen die Kooperativen Spiele. Sie tragen dazu bei, die Beziehungen zwischen den Kindern und zwischen den Kindern und den Erzieherinnen herzustellen. Gleichzeitig dienen sie dazu, die Schwierigkeiten, die bei der Trennung vom Elternhaus auftreten können, zu überbrücken.

Im Laufe der Jahre lernt das Kind im Kindergarten die soziale Anpassung in der Gruppe, im Spiel mit seinesgleichen, bevor es in einen neuen Lebensabschnitt überwechselt – die Grundschule.

2. Wie kann die Grundschule kooperatives Verhalten fördern?

Aufgabe der Grundschule ist es, an die Erfahrungen des Kindes in der Familie und im Kindergarten anzuknüpfen und es in das schulische Leben einzuführen. In einer Klassen- und Schulatmosphäre soll dem Kind die Möglichkeit gegeben werden, seine sozialen Erfahrungen einzubringen und neue zu gewinnen. Ziel ist es, die Bereitschaft des Kindes zu entwickeln, mit anderen rücksichtsvoll und hilfsbereit zusammenzuarbeiten und Misserfolge gemeinsam zu ertragen und zu überwinden. Dieses erfolgt durch das Miteinander mit anderen Kindern und dem Lehrer.

Die Grundschule nimmt für sich in Anspruch, soziales Lernen und Handeln durch geeignete Lernsituationen und Handlungsfelder zu fördern und zu üben. Dieses geschieht z. B. durch Wanderungen, Klassenfahrten, Museumsbesuche, Ausgestaltung des Schulhauses und des Klassenraumes.

Außer der Vermittlung von sozialen Zielen kommt als weitere zentrale Aufgabe der Grundschule die Vermittlung grundlegender Fertigkeiten, Kenntnisse und Fähigkeiten in den motorischen, kognitiven und emotionalen Bereichen hinzu. Dieses erfolgt in den einzelnen Schulfächern. Durch die Fach-, Erziehungs- und Unterrichtskompetenz des Lehrers werden die Unterrichtsziele vermittelt. Der Lehrer geht von den Erfahrungen, Fähigkeiten und Interessen der Kinder aus, fordert durch kindgerechte, sachgemäße und lebensnahe Aufgabenstellung ihren Lernwillen heraus und führt sie schrittweise zum selbstständigen Erfahren ihres eigenen Könnens. Durch entsprechende Anerkennung der Leistung versucht der Lehrer, das Selbstbewusstsein des einzelnen Kindes zu stärken.

Dieses ist der Idealtyp einer Grundschule. In der Realität sieht es oftmals anders aus. Die Kinder werden schnell überfordert, da die Anforderungen zu hoch gesetzt werden. Es darf nicht vergessen werden, dass das Kind beim Übergang in die Grundschule eine Zeit der Eingewöhnung braucht. Bis zu diesem Zeitpunkt hat es vorwiegend gemalt, gebastelt und gespielt. Der Weg von den bis dahin mehr spielorientierten Lernformen in die schulischen Lebens-, Lern- und Arbeitsformen muss behutsam vor sich gehen. Das Kind darf nicht mit neuem, ungewohntem Stoff überschüttet werden. Hinzu kommt noch, dass sich nicht alle Kinder in der gleichen Zeit

und mit der gleichen Selbstverständlichkeit den neuen und bisher ungewohnten schulischen Anforderungen anpassen können.
Der Übergang vom Kindergarten oder der heimischen Atmosphäre in die Grundschule kann ein seelisches Problem für das Kind darstellen, da es oftmals abrupt vom Spielen, was bis dahin seine Hauptbeschäftigung war, weggerissen wird. Daher gibt es die Forderung, die Schule nach unten aufzulockern und das Kind bis zum achten Jahr spielgerecht zu entwickeln. Hierfür können z. B. so genannte Spielstunden eingeführt werden. Sie stellen – neben den üblichen Fächern – extra angelegte Stunden zum Spielen dar und geben somit auch die Gelegenheit, spielerisch zu lernen. Selbstverständlich haben auch hier Kooperative Spiele ihren Platz.

2.1. Sportunterricht in der Grundschule

Der Sportunterricht leistet im Rahmen des pädagogischen Auftrags der Grundschule einen spezifischen, unverzichtbaren und nicht austauschbaren Beitrag zur individuellen und sozialen Erziehung des Kindes.
Er soll an den Bewegungserfahrungen des Kindes anknüpfen und dem Bewegungsbedürfnis der Schüler entsprechen. Außerdem gilt es, die Freude an der Bewegung zu erhöhen und die besondere Lernfähigkeit dieser Altersstufe für Bewegungsbildung durch vielseitige sportliche und spielerische Bewegungsreize zu fördern. Auch der Sportunterricht hat – wie alle anderen Fächer der Grundschule – den Auftrag, das Kind ganzheitlich zu fördern. Eine einseitige Ausrichtung auf ausschließlich motorische Zielsetzungen sowie auf technik- und trainingsorientierte Bewegungssituationen würde diesem Auftrag widersprechen.
In diesem Zusammenhang sind die allgemeinen Ziele des Sportunterrichtes:

- die Freude an Bewegung, Spiel und Sport zu wecken und zu erhalten
- dem natürlichen Bewegungsverlangen der Kinder zu entsprechen
- vielfältige Bewegungs- und Körpererfahrungen zu ermöglichen
- die grundlegenden sportlichen und spielerischen Fähigkeiten und Fertigkeiten zu vermitteln
- neue Bewegungs- und Spielmöglichkeiten zu erfinden
- körperliche Schwächen und motorische Defizite auszugleichen
- Kondition und Koordination zu steigern
- soziale Verhaltensweisen auszuprägen – vor allem das Anerkennen von Regeln, das gegenseitige Helfen und die Entwicklung von Einstellungen zum Mitspieler als Partner und Mitspieler (Fair Play).

Gerade beim letztgenannten Unterrichtsziel – Fair Play – stellt sich die Frage, warum im Sportunterricht so oft die unsportlichen Schüler in der Ecke hocken, keine Lust zum Mitmachen haben, oder gar weinen und nicht mehr am Sportunterricht teilnehmen wollen. Eigentlich sollten sich die Kinder laut Lehrplan im Sportunterricht wohlfühlen, sich frei und unbefangen bewegen und mit ihren Mitschülern eine Interaktionsgemeinschaft eingehen. Das gegenseitige Helfen und Kooperieren stehen im Mittelpunkt.

2.2 Zum Umgang mit leistungsschwächeren Schülern im Sportunterricht

Die Klasse ist leider nicht immer eine Interaktionsgemeinschaft und der Sportunterricht ermutigt nicht immer alle Kinder, sich unbeschwert zu bewegen. Allein beim Wählen einer Mannschaft sieht man, dass die Schlechteren, Unsportlichen bis zum Schluss auf der Bank sitzen bleiben und dann mehr oder weniger ungewollt, großzügigerweise aufgenommen werden. Gerade bei den Ballspielen setzt sich die Enttäuschung und Zurückweisung – nicht richtig gewählt worden zu sein – fort. Die attraktiven Spielrollen (beim Fußball z. B. Stürmer) werden unter den guten Spielern verteilt, die anderen werden irgendwo eingeteilt. Auch während des Spiels beziehen die stärkeren Spieler die schwächeren nur in Notsituationen mit ein. Versagen diese dann, wird „geschimpft und gemeckert“ und zu verstehen gegeben, dass man das nächste Mal doch lieber einen anderen Spieler anspielen will. Die Zurückweisung kann sich nicht nur im Sportunterricht fortsetzen, sondern auch auf dem Pausenhof, in der Klasse, auf der Straße etc. und es ist schwer, aus dieser Versagerrolle heraus zu kommen.

Diese ständige Zurückweisung, Nichtanerkennung und Tadel führen zu Verunsicherung, zur Hemmung der Aktivität, zur Lustlosigkeit und zur Angst vor dem Versagen. Der psychische Druck aber reduziert die Leistungsfähigkeit und erhöht die Misserfolgswahrscheinlichkeit. Misserfolge aber induzieren und verstärken wiederum Ablehnung und Zurückweisung, so dass der Prozess des Versagens aufs Neue in Gang kommt. So baut sich langsam aber sicher ein Teufelskreis auf.

Bei den Betroffenen zeigen sich verschiedene Verhaltensäußerungen, die als Schutzreaktion dienen. Entweder sie passen sich den Verhaltenserwartungen an, weil sie eventuell dadurch einer Zurückweisung entgehen können. In der Umgangssprache wird dies als „Duckmäuserei" bezeichnet. Oder sie reagieren aggressiv, durch Rüpelei und Aufsässigkeit auf die Verhaltenserwartungen. Hierdurch wird vorübergehend das Gefühl der Unterlegenheit reduziert. Als Letztes ist die Reaktion der Flucht zu nennen. Die Betroffenen entziehen sich der Situation ganz, weil sie die Verhaltenserwartungen nicht erfüllen können und wollen. Unlust, Passivität, Abseitsstehen und Sich-Drücken sind Zeichen eines solchen Fluchtversuches.

Hier – und noch früher – muss der Lehrer eingreifen und nicht noch durch Leistungsbeurteilung und Leistungsvergleiche auch seinerseits seine Missachtung kundgeben. Es liegt an ihm, ob er eine überwiegend leistungsorientierte Unterrichtskonzeption bevorzugt und dabei eine Überbetonung von Wettkampf- und Konkurrenzsituationen, Überbewertung von Sieg und Niederlage betreibt oder eine Atmosphäre schafft, in der sich alle wohl fühlen, glücklich sind und jeder bereit ist, seinen Anteil dazu beizutragen.

Dazu ist es erforderlich, dass die angstinduzierenden Situationen vermieden werden und Verzicht auf Leistungsdruck und Auslese erreicht wird. Die Unterrichtsinhalte sind so zu wählen, dass sie jeder Schüler bewältigen kann und somit die schwächeren Schüler wieder Mut und Motivation aufbauen können.

Dieses kann erreicht werden durch:

- Einführung neuer Sport- und Spielformen
- Erhöhung der Teilnahmechancen für alle Schüler durch gezielte Regeländerung
- Bildung von leistungsheterogenen Kleingruppen, in denen die Leistungsstärkeren Traineraufgaben übernehmen
- verstärkte Beteiligung der Schüler an der Unterrichtsplanung und Unterrichtsgestaltung
- erweiterte Möglichkeiten der Schüler zur Kommunikation und selbständiger Konfliktregulierung.

2.3 Vom Wert des Spielens

Spielen ist in der durchschnittlichen Schule – außer im Sportunterricht – immer noch etwas Fremdes. Denn im Unterricht wird der „Ernst des Lebens" behandelt – hier wird gelernt und nicht gespielt. Kinder, die bisher gespielt haben, müssen nun anfangen zu lernen. Sie lernen Lesen, Schreiben und Rechnen. Dafür müssen sie viele Stunden am Tag ruhig sitzen, zuhören und nur antworten, wenn sie gefragt werden. Das Leben ist keine Spielerei und die Schule soll auf das Leben vorbereiten und nicht dem Vergnügen dienen. So oder so ähnlich lauten die Begründungen, die sich gegen das Spielen in der Schule richten.

Natürlich soll das Spielen dem Lernen nicht entgegen wirken. Lernen ist notwendig, genauso wie das Spiel der Kinder. Vielmehr muss es zu einer Verknüpfung von Lernen und Spielen kommen. Kleine Kinder lernen durch ihr Spiel. Sie werden aktiv, aufgeweckt, eroberungslustig und unermüdlich im Erforschen ihrer Umwelt. Warum können nicht auch Schulkinder durch Spielen lernen? Wie oft sieht man passive, gelangweilte, desinteressierte und lustlose Schulkinder? Wird das Spiel in der Schule gefördert, kann man Aktivität, Spontanität, Engagement und Motivation in den Schülern wecken. Gerade die Motivation kommt in der Schule zu kurz. Diese ist im Spiel kleiner Kinder vorhanden und stellt den Motor für alle aktiven, lustvollen, erobernden und entdeckenden Lernprozesse dar.

Im Gegensatz zu dem anderen Unterrichtsstoff sind die Kinder im Spiel motiviert. Sie freuen sich, ihre Bedürfnisse, Wünsche, Interessen, ihre Stimmungen und Gefühle mit ins Spiel einzubringen. Denn dies ist eine Grundbedingung und Voraussetzung in allen Arten von Spielen.

Während des Spiels befinden sich Kinder in einem offenen Interaktionssystem, das es ihnen ermöglicht, neue Erfahrungen mit sich selbst und anderen zu machen. Dadurch können sie ihre Bedürfnisse, Stimmungen, Wünsche und Gefühle mit einbringen. Damit jedoch das Spielen in der Schule gelingt und Spaß macht, müssen sie auch den Bedürfnissen der Gruppe entsprechen, das heißt nicht zu schwer oder zu leicht, nicht abwertend oder diskriminierend sein. Außerdem müssen sie Aufgaben stellen und Handlungsmöglichkeiten eröffnen, in denen die Kinder lernen können, ihre Bedürfnisse miteinander abzustimmen, gemeinsam Regeln zu setzen und diese zu ändern, falls es notwendig erscheint.

Aus diesen Gründen sind gerade die Kooperativen Spiele in der Schule geeignet. Sie sollten nicht nur im Sportunterricht eingesetzt werden, sondern auch in Spielstunden neben den herkömmlichen Unterrichtsfächern. Sie sind überall einsetzbar und Kinder lernen hier ihre Ängste und Hemmungen zu verlieren, Aggressionen und Konflikte zu lösen. Außerdem fördern sie den Zusammenhalt der Gruppe und einen freundschaftlichen Umgang miteinander. Dadurch ist das Spielen im Unterricht nicht nur ein Zeitvertreib, vielmehr vermittelt es Lernprozesse in emotionaler, kognitiver, motorischer und sozialer Hinsicht.

3. Was sind Kooperative Spiele und was können sie leisten?

Wünschenswerte Verhaltensweisen bei den Kooperativen Spielen sind:

- Vertrauen geben und haben
- kooperationsbereit sein
- auf die Sicherheit der Mitspieler achten
- Hilfe anbieten
- Spielideen äußern.

Diese Eigenschaften sind nicht von Anfang an gegeben und müssen gerade im Grundschulalter gefördert werden.
Kinder tendieren zum Gewinnen-Wollen – koste es, was es wolle – und sind zum Kooperieren noch nicht bereit. Dieses zu lernen ist ein Ziel der Kooperativen Spiele. Um es zu realisieren, kommt gerade dem Lehrer/Spielleiter eine verantwortungsvolle Rolle zu. Wie er ein Spiel vorstellt und erklärt, entscheidet über den weiteren Spielverlauf. Deshalb ist es wichtig, dass er am Anfang einer Spielstunde nicht gleich ein Spiel wählt, bei dem Kinder ausgeschlossen werden, da es besondere Fähigkeiten verlangt. Alle sollen angesprochen werden und am Spiel beteiligt sein. Am besten wählt der Lehrer/Spielleiter ein Spiel, welches er selber gerne mag, denn wichtig ist, dass er sich in die Mitspieler einfühlt und selber Spaß am Spielen hat. Seine eigene Begeisterung wirkt ansteckend und somit wird er in der Lage sein, andere zum Mitspielen zu motivieren. Stellt der Lehrer die Kooperativen Spiele vor, sollte er ihren Sinn erklären. Schon in kürzester Zeit lernen die Kinder, kooperativ zu handeln. Denn wenn etwas Spaß und Freude macht, ist der Lernerfolg ganz automatisch da. Zudem sind die Kooperativen Spiele aufgrund ihrer einfachen, unkomplizierten Art für jedermann verständlich.
Ein anderer positiver Aspekt der Kooperativen Spiele sind ihre Spielgeräte. Es sind keine kostspieligen Utensilien von Nöten. Das Wichtigste sind Improvisation und Inspiration. Man kann fast jeden Gegenstand für ein Spiel verwenden und damit ein neues Kooperatives Spiel erfinden. Luftballons, Hula-Hoop-Reifen, Seile und Bälle jeder Art und Größe bieten unbegrenzte Spielmöglichkeiten.

3.1 Kennzeichen von Kooperativen Spiele

Außerhalb der Grundschule können die Kooperativen Spiele auch auf Spieltreffs, Spielfesten, am Wochenende und im Urlaub eingesetzt werden. Ihre Zielgruppe sind nicht nur Kinder und Jugendliche, sondern auch Familien, Erwachsene bis ins hohe Alter, Behinderte, Kranke etc. Sie sind nahezu überall einsetzbar, sei es im Park, am Strand, auf Wiesen und in Wäldern.

Die Grundidee besteht darin, dass alle miteinander spielen. Ziel ist das Wieder-Spielen, das Mit-Spielen. Dadurch soll ein Gemeinschaftsgefühl entstehen, welches Kooperation und Vertrauen voraussetzt.

- Statt des Spiels um des Spiels willen, soll der Spielende im Mittelpunkt stehen. Das beinhaltet gleichzeitig die Forderung, ein Spiel jeweils den Teilnehmern der Gruppe anzupassen, und nicht umgekehrt.
- Statt des Gewinnens (bei Spielen mit Wettkampfcharakter) soll das Spielen selbst, der Spaß am Spielen im Mittelpunkt stehen. Das bedeutet, die Wertigkeit von Siegen und Verlieren zu verändern, zu zeigen, dass Mitspielen allein schon ein Gewinn ist.
- Vertrauen, Freude am Spielen in der Gemeinschaft, Kooperation und Kreativität sollen wichtiger werden, als die Möglichkeit, zu gewinnen.

Die Freude, die Zufriedenheit, die Aufregung, die Gemeinsamkeit, die bei den Kooperativen Spielen erlebt werden, sind Werte an sich. Deshalb geht es hier auch um ein „spielerisches Kräftemessen“, nicht um Konkurrenz, Sieg, Leistung, Vergleichbarkeit. Es gibt keinen wirklichen Verlierer, d. h. Verlieren schmerzt nicht.

Oftmals wird angenommen, dass bei den Kooperativen Spielen kein Wettkampf besteht. Das ist nicht richtig. Der Unterschied zwischen ihnen und herkömmlichen Spielen liegt darin, welcher Wert dem echten Wettkampf beigemessen wird und welche Anstrengungen dafür gemacht werden. Wettkampf und Gewinnen-Wollen dürfen nicht zur Besessenheit ausarten. Der Gegner soll ein Partner sein, denn ohne ihn ist ein Spiel nicht möglich.

Bei den Kooperativen Spielen wird der Wettkampf dadurch lebendig gehalten, dass sich gleichstarke Gegner gegenüber stehen. So entsteht ein Gleichgewicht und ein fairer Wettkampf ist möglich. Die Spieler sollten soweit Verantwortung zeigen, dass sich bei unterschiedlichen Fähigkeiten Schlechtere und Bessere zusammenfinden, um die Ausgewogenheit zu gewährleisten.

Die Kooperativen Spiele geben auch den unsportlichen und schwächeren Schülern Erfolgserlebnisse. Denn wenn es beim Spiel keinen richtigen Verlierer gibt, kann sich das Selbstwertgefühl bei allen erhöhen und ein positives Selbstbild entwickelt werden.

Bei den Kooperativen Spielen ist es egal, ob man gut rennen, werfen oder fangen kann. Jeder gibt sein Bestes und stellt ein Glied in der Kette dar. Durch die Regeln, die Steuerung durch den Spielleiter und durch den neuen Geist des Spielens gibt es keine Konkurrenz und keine

Feindseligkeit um des eigenen Vorteils willen. Das Maß von Eifer, Einsatz und Kampf ist an der Stärke und Schwäche der anderen orientiert und bezieht deren Bedürfnisse am Spiel mit ein.
Man wird nicht getadelt, zurückgewiesen oder nicht anerkannt. Alle spielen mit und sind für den Ablauf des Spiels verantwortlich. Viele Spiele lassen eine Rivalität gar nicht aufkommen, weil die Gegner wechseln und die Spielerrollen sich ständig verändern. Somit kann es gar nicht zu einer Frontenbildung kommen. Es entwickelt sich eine Spielgemeinschaft, die Freude am Miteinander-Spielen hat.

3.2 Kooperative Spiele und die Freude am Spiel

Kooperative Spiele wollen das Gefühl der Freude vermitteln. Diese kommt auf, wenn jeder, der mitspielt, die Erfahrung macht, wie schön es ist, miteinander zu spielen und in der Gemeinschaft erwünscht zu sein. Dadurch, dass die anderen gerne mit einem spielen, kommt ein innerliches Wohlbefinden und Gefühl der Annerkennung auf. Man braucht keine Angst vor dem Versagen oder der Zurückweisung zu haben.
Der Spaß steht bei allen Spielen im Mittelpunkt – nicht der Wettkampf, das Siegen wollen. Kommen Spaß und Freude auf, dann überträgt sich dies auf alle Mitspieler und es entsteht eine fröhliche Spielatmosphäre. Kooperative Spiele bedeuten Spaß im Augenblick, Freude auf ein Spiel und heitere Stimmung während des Spiels.
Als fördernd auf die Spielfreude wirken folgende Aspekte:

- Spielgedanke begeistert
- Spaß, Heiterkeit
- Spannung
- Überraschung im Spielverlauf
- Freiraum für Kreativität und Phantasie
- Originalität
- Erfolgserlebnisse
- Vertrauen
- Integration
- Chancengleichheit
- Spielanforderung ist dem Könnenszustand angepasst.

Sind Spielanforderungen und Fähigkeiten des Spielers gegeneinander ausgewogen, so können sich Spielbegeisterung und Spannung entwickeln. Bei zu hoher Anforderung treten Unbehagen, Angst und Lustlosigkeit auf. Bei zu geringer Anforderung droht Langeweile. All dies wirkt sich negativ auf die Spielfreude aus.

Ein enger Zusammenhang besteht zwischen Spielfreude und Kreativität. Kinder mit ausgeprägter Spielfreude verfügen gleichzeitig auch über größere kreative Fähigkeiten.

3.3 Kooperative Spiele und Kreativität

Kreativität lässt sich umschreiben als die schöpferische Kraft eines Menschen. Dieses schöpferische Vermögen lässt sich mit menschlichem Handeln und Denken realisieren und ist durch Neuartigkeit oder Originalität gekennzeichnet.

Ein kreativer Mensch zeichnet sich unter anderem durch Initiative, Vitalität, Ausdauer und Neugier aus. Gerade diese Persönlichkeitsmerkmale sind bei Spielen allgemein wie bei Kooperativen Spielen von Bedeutung.

Das Schöne an den Kooperativen Spielen ist, dass man sich nicht unbedingt an Spielregeln halten muss, sondern je nach Spielsituation oder Spielgelände ein neues Spiel erfindet oder ein altes Spiel neu gestaltet. Ein Spiel lässt sich grundlegend verändern, wenn man andere Geräte nimmt oder sich von irgendeinem Gegenstand inspirieren lässt, ein neues Spiel zu erfinden. Auch durch die Anzahl der Spieler lässt sich ein Spiel verändern und es bekommt auf einmal einen ganz anderen Charakter. Es kann mit einem alten Spiel begonnen und dann ausgesponnen werden. Der Kreativität steht nichts im Wege.

In unmittelbarem Zusammenhang mit der Kreativität steht die Phantasie. Bei den Kooperativen Spielen soll man seiner Phantasie freien Lauf lassen, um die Freiheit zu besitzen, Verrücktheit und Albernheit auszuleben. Wie selten hat man die Gelegenheit, so richtig nach Herzenslust zu blödeln und zu albern? Kreativität und Phantasie können zu einer Befreiung führen, wenn wir die Welt, in der wir leben, für eine Weile vergessen. Machen alle mit, dann kann eine Spielgemeinschaft entstehen, die von der Begrenzung der realen Welt frei ist und sich in der Welt der Vorstellung befindet.

4. Praxis: Kooperationsspiele

Die hier genannten Spiele sind für das Grundschulalter gedacht und sind deshalb in dieser Altersstufe gut durchführbar.

Die folgende Einteilung bezieht sich auf Fähigkeiten und Fertigkeiten, die bei den Spielen zum Tragen kommen:

- gegenseitige Hilfestellung
- Vertrauen
- Körperkontakt
- Anpassungsfähigkeit
- Selbstkontrolle
- Kreativität
- Spontanität
- Nachahmungsspiele
- Visuelle Wahrnehmung
- Geschicklichkeit
- Reaktionsfähigkeit
- Ausdauer
- Rennen
- Gleichgewicht
- Krabbeln

Natürlich beschränken sich die meisten Spiele nicht auf die Förderung einer Fähigkeit bzw. Fertigkeit, sondern sind mehrdimensional. So steht das Spiel „Gordischer Knoten“ sowohl für die körperliche Geschicklichkeit wie auch für Körperkontakt.
Auch wenn einige Spiele Wettkampfelemente enthalten, so darf nicht vergessen werden, dass es sich bei den Kooperativen Spielen immer um ein spielerisches Kräftemessen handelt. Der Sieg ist nicht wichtig, sondern der Spaß am Spiel. Der Gegenspieler soll kein Gegner, sondern Partner im Spiel sein und somit steht bei allen Spielen ausschließlich die Kooperation im Vordergrund.
Die hier vorgestellten Spiele stellen eine Sammlung aus bekannten und weniger bekannten Spielen dar. Sie sind von mir vielfach verändert und nach neuen Kriterien zusammengestellt worden.

Komm-Hoch

Partnerspiel / Gruppenspiel

Material:

kein

Spielidee / Durchführung:

Zuerst hocken sich zwei Personen Rücken an Rücken auf den Boden und haken die Arme ein. Ziel ist es, gemeinsam aufzustehen. Mit etwas Geschick dürfte es nicht allzu schwer fallen. Bei einem gelungenen Versuch sucht man sich eine dritte Person und vielleicht eine vierte und versucht es ebenfalls. Je mehr Kinder mitmachen, umso schwieriger wird es. Damit ein „Massenaufstand“ glückt, müssen sich alle Spieler am Anfang ganz dicht aneinander hocken und versuchen, rasch und genau im selben Moment aufzustehen.

Menschenpyramide

Gruppenspiel:

6 – 12 Spieler

Material:

kein

Spielidee / Durchführung:

Gruppen von sechs bis zwölf Spielern sollen mit möglichst viel Einfallsreichtum eine Pyramide bilden. Dabei kommt es auf gute Zusammenarbeit, auf gegenseitige Rücksichtsnahme und auf Vorsicht aller Beteiligten an. Das Fundament können z. B. drei etwas stärkere Kinder bilden, die sich auf allen Vieren (Hundestellung) hinhocken. Darauf steigen in gleicher Stellung zwei weitere Kinder, auf diese dann ein Kind, und zum guten Schluss muss eine leichte, schwindelfreie Person auf den Gipfel klettern.

Schoßsitzen

Gruppenspiel: Kreisaufstellung (Schulter an Schulter)

Material: kein

Spielidee / Durchführung:

Jeder Spieler stellt sich Schulter an Schulter in den Kreis. Dann dreht sich jeder nach rechts und setzt sich – ganz vorsichtig – auf den Schoß des Hintermannes. Es gibt zwei Wege, in diese Stellung zu gelangen. Bei der ersten Methode legt sich einer auf den Rücken mit angezogenen Knien. Ein anderer setzt sich darauf und bildet so einen Stuhl für den anderen – und so weiter bis der ganze Kreis sitzt. Entscheidend ist der Augenblick, wo der erste wieder hochgezogen wird, um den Kreis zu schließen. Bei der anderen Methode muss sich jeder im genau gleichen Moment auf den Schoß des Hintermannes setzen. Wenn es gelingt, ist es sehr eindrucksvoll, wenn es nicht gelingt, ein spektakulärer Reinfall.

Deckenball

Mannschaftsspiel: zwei Teams

Material: 2 Decken, 2 Bälle (Softbälle, Strandbälle)

Spielidee / Durchführung:

Zwei Teams aus jeweils mehreren Kindern verteilen sich um zwei robuste Decken ähnlicher Größe. Sie ergreifen den Rand ihrer Decke und legen einen Strandball in die Mitte der Decke. Zum Aufwärmen werfen die Gruppen den Ball in die Luft und fangen ihn mit der Decke wieder auf oder rollen ihn am äußeren Rand entlang. Die Teams befördern den Ball hin und her, indem sie ihn alle gleichzeitig dem Empfängerteam zuwerfen. Ein Team kann auch den Ball senkrecht in die Luft werfen und wegrennen, so dass das andere Team darunter rennen kann, um ihn mit seiner Decke aufzufangen. Die beiden Teams können auch ihre Bälle austauschen. Auf ein vereinbartes Zeichen hin werfen sie sich gleichzeitig den Ball zu.
Mit dem Deckenball lassen sich noch weitere Spielformen finden. Dieses hängt von der Phantasie und von dem Ideenreichtum der Spieler ab.
Um mehr Kinder zu beteiligen, kann man auch eine Bettdecke, ein Stück Segeltuch oder einen Fallschirm benutzen.

Die große Spirale

Gruppenspiel:

Kreisaufstellung

Material:

kein

Spielidee / Durchführung:

Möglichst viele Mitspieler bilden einen Kreis und fassen sich an den Händen. Ein beliebiger Spieler im Kreis löst eine Hand und beginnt an der Außenseite des Kreises entlangzugehen und die Kette mit sich zu ziehen. Nur der letzte der Kette soll an seinem Platz stehen bleiben, während sich die Spirale immer enger zusammenwickelt. Wenn es nicht mehr weitergeht, schlüpft der Letzte an einer Stelle der Spirale unter den Armen hindurch nach außen, zieht die Kette nach sich und löst die Spirale auf diese Weise wieder auf.

Hol den Ball ein

Gruppenspiel:

Kreisaufstellung

Material:

2 Bälle

Spielidee / Durchführung:

Die Gruppe stellt sich in einem Kreis auf. Zwei Spieler halten je einen Ball in der Hand. Auf ein Signal werfen sie diesen nach links weiter. Ein Ball soll den anderen einholen. Durch bewusste Beschleunigung oder Verlangsamung kann man das Spiel spannend halten.

Nordpol

Mannschaftsspiel:

Aufstellung wie beim Brennball

Material:

Markierungshütchen, 1 Ball

Spielidee / Durchführung:

Zwei Mannschaften spielen gegeneinander, dabei ist die Aufstellung wie beim Brennball: Eine Gruppe befindet sich im Feld und die andere an der Grundlinie. Das Spielfeld ist großzügig mit Markierungshütchen abgegrenzt. Ein Spieler der Außenmannschaft wirft den Ball ins Spielfeld. Daraufhin läuft seine ganze Mannschaft um das Feld herum. Die Feldmannschaft versucht nun, so schnell wie möglich den Ball zu fangen. Ist einem Spieler dies geglückt, stellt er sich schnell mit gegrätschten Beinen auf. Die gesamte Mannschaft im Feld läuft zu dem Spieler und stellt sich ebenfalls mit gegrätschten Beinen in einer Reihe hinter ihm auf. Der vordere Spieler rollt nun den Ball durch die gegrätschten Beine bis zum letzten Spieler. Dieser nimmt den Ball auf und beendet den Durchgang, indem er laut „Nordpol“ ruft. Jeder Spieler, der es geschafft hat, das Spielfeld zu umrunden, bekommt einen Punkt. Nach drei Runden werden die Mannschaften getauscht.

Blindlauf

Gruppenspiel:

Reihenaufstellung

Material:

Tuch

Spielidee / Durchführung:

Die Spieler bilden zwei Reihen mit etwa zwei Metern Abstand und dem Gesicht zueinander. Sie halten ihre Hände nach vorn, um eventuell dem blinden Läufer die Richtung zu weisen, falls er in die Irre geht. An einem Ende stehen mindestens zwei Leute, die dem Blindlauf ein sanftes Ende setzen. Am anderen Ende steht der „blinde Läufer", dem mit einem Tuch die Augen verbunden sind. Er läuft – beim ersten Durchgang sicherlich erst vorsichtig tastend – durch die Reihe. Bei den nächsten Läufen wird er vielleicht zum Sprinter.

Chauffeur

Partnerspiel

Material:

kein

Spielidee / Durchführung:

Hier darf jeder mal fahren, auch wenn er keinen Führerschein hat! Jeder sucht sich einen Partner. Einer der beiden legt von hinten seine Hände auf die Schulter des Partners. Der Vordere ist das Auto. Er hält seine Arme nach vorne, die Hände hochgeklappt, um als Stoßdämpfer zu dienen. Die wird er vielleicht brauchen, denn seine Augen sind verschlossen. Der Chauffeur lenkt seinen Wagen – an den Schultern – geschickt durch den Verkehr, den die anderen Paare im abgesteckten Raum bilden.

Hundeführer

Partnerspiel: mindestens 3 Paare

Material: 1 Decke, 2 Tücher

Spielidee / Durchführung:

Zwei Kinder halten eine Decke so fest, dass sie wie eine Wand wirkt. Zwei andere Kinder spielen Hunde (sie müssen aber nicht auf allen Vieren gehen) und ihnen werden die Augen verbunden. Jeder dieser Hunde hat seinen Hundeführer, der ihn führen muss. Dieses geschieht durch Festhalten an den Schultern. Beide Paare stehen etwa 10 Meter von der Tuchwand entfernt und laufen auf ein Signal los. Der Hundeführer, der als Erster die Wand berührt, ohne dass sein Hund diese berührt, hat gewonnen.

Steife Puppe

Gruppenspiel

Material: kein

Spielidee / Durchführung:

Je sechs bis zehn Spieler bilden einen engen Kreis, in dessen Mitte ein Mitspieler die „Steife Puppe" spielt, das heißt Körperspannung aufbaut und den Mitspielern in die Arme fällt. Er soll mit den Füßen fest am Kreismittelpunkt bleiben und seine Arme eng am Körper anlegen. Die Kreisspieler fangen den fallenden Körper sanft auf und schieben ihn im Kreis herum oder federn ihn auch hin und her. Nach einer Weile ist die nächste steife Puppe an der Reihe. Bei diesem Spiel ist Rücksichtsnahme besonders wichtig. Dem Mitspieler muss das Vertrauen gegeben werden, dass ihn niemand fallen lässt und man ihm beim Hin- und Herschieben nicht wehtut.

Flieger

Partnerspiel

Material:
kein

Spielidee / Durchführung:

Ein Kind liegt mit dem Rücken auf dem Boden und streckt die Beine senkrecht hoch. Ein anderes Kind legt sich mit dem Bauch / Hüfte auf die ausgestreckten Beine. Am Anfang packen sich beide Kinder noch an den Händen, diese können jedoch später losgelassen werden.
Auf geht es zur ersten Flugstunde!

Tuchlaufspiel

Partnerspiel

Material:

Tuch, Musik

Spielidee / Durchführung:

Zwei Kinder laufen hintereinander im Rhythmus der Musik. Dabei hat das Vordere die Augen mit einem Tuch verbunden. Das hintere Kind steuert seinen Vordermann durch Tippen auf die Schulter. Tippt es die rechte Schulter an, so muss der Partner nach rechts laufen oder umgekehrt. Wenn die Läufer wegen eines Hindernisses stoppen müssen, berührt der Hintere seinen Partner durch Tippen auf den Kopf. Die Kinder wechseln die Rollen und auch mal den Partner eigenständig.

eigene Ideen & Anmerkungen

Einer zum Anderen

Gruppenspiel:
ungerade Spielerzahl

Material:
kein

Spielidee / Durchführung:

Die Mitspieler stellen sich paarweise im Kreis auf. In der Mitte steht eine einzelne Person, die bekannt gibt, welche Körperteile der Paare gegenseitig berührt werden sollen. Zum Beispiel „Rücken an Rücken“, also drehen sich die Partner um und lehnen sich aneinander. Oder „Bein zu Bein“, „Knie zu Knie“... Das geht so lange weiter, bis der Ausrufer sagt: „Einer zum anderen“. Das ist das Signal für die Spieler, durcheinander zu laufen und einen neuen Partner zu suchen. Die Person in der Mitte sucht sich ebenfalls einen Partner und derjenige, der übrig geblieben ist, wird Ausrufer.

Bildhauer

Gruppenspiel:

jeweils Vierer-Gruppen

Material:

Tücher

Spielidee / Durchführung:

Bei diesem Spiel braucht man kein Atelier, um ein Kunstwerk zu schaffen. Es werden Vierergruppen gebildet, in denen einer der Künstler, einer das Modell, der Dritte ein Klumpen Ton und der Vierte der Geselle ist. Dem Künstler und dem Ton werden die Augen verbunden, während das Modell – welches die Augen offen hat – eine phantasievolle Pose einnimmt. Sie sollte allerdings ohne Mühe fünf Minuten gehalten werden. Nun können der Künstler seine Begabung zur Nachbildung und der Ton seine Formbarkeit beweisen. Der Geselle führt den Künstler zum Modell und dieser tastet es behutsam ab, um seine Haltung herauszufinden. Danach formt er den Ton zu einer Statue die dem Modell genau gleicht. Wenn er meint, seine Schöpfung sei fertig, öffnet der Geselle ihm und der neu geschaffenen Statue die Augen. Danach erfolgt die kritische Beobachtung aller Beteiligten und möglichen Zuschauer.

Der Blinde Sucher

Gruppenspiel

Material: Tuch

Spielidee / Durchführung:

Alle Mitspieler bilden einen engen Kreis. Einer geht mit verbundenen Augen in die Mitte. Jetzt wird irgendwo ein Tor geöffnet, das der Blinde tastend finden muss.

Gemeinsam sind wir stark

Gruppenspiel

Material: kein

Spielidee / Durchführung:

Diese Variante des klassischen „Fangens" ist ein gutes Beispiel, wie aus einem alten ein neues Spiel entsteht: Gespielt wird mit den üblichen Regeln, dass einer der Fänger ist und versuchen muss, eine andere Person abzuschlagen, welche dann zum Fänger wird. Neu ist nun, dass man in Sicherheit ist, wenn man ein anderes Kind umarmt – natürlich nur wenige Sekunden. Nachdem so eine Zeit lang gespielt worden ist, kann man die Spielregeln wieder ändern. Man ist nur sicher, wenn sich drei Personen umarmen. Weiter geht es dann mit vier, mit fünf usw.

Farben berühren

Gruppenspiel:

ab 7 Spielern

Material:

kein

Spielidee / Durchführung:

Das Spiel beginnt mit sechs bis acht Spielern, die in einem Kreis stehen. Ein weiteres Kind außerhalb des Kreises ruft Anweisungen: Zuerst müssen alle Spieler mit ihrer rechten Hand etwas Blaues an einem Mitspieler anfassen und sich daran festhalten. Es kann ein blauer Streifen auf dem Schuh oder ein blaues Hemd sein. Als Nächstes muss man mit der linken Hand etwas Gelbes berühren und sich daran festhalten usw., mit dem linken Fuß etwas Schwarzes und mit dem rechten Fuß etwas Braunes berühren. Der Kopf sucht sich etwas Rotes und wenn sich die Gruppe bis dahin noch nicht zu einem unentwirrbaren Menschenknäuel verstrickt hat, kann man versuchen, mit der Schulter etwas Grünes zu berühren.

Gewicht abgeben

Partnerspiel

Material:

kein

Spielidee / Durchführung:

Ein Spieler entspannt sich und lehnt sich an seinen zunächst stehenden Partner. Die Kinder sollen verschiedene Möglichkeiten suchen, einander zu stützen und es für beide so bequem wie möglich zu machen.

Fliesendrehen

Partnerspiel

Material: Teppichfliesen

Spielidee / Durchführung:

Zwei Spieler stellen sich auf eine Fliese. Dabei halten sie sich an beiden Händen fest und versuchen, durch gemeinsames Drehen der Beine eine bestimmte Strecke zu überwinden. Dieses Spiel kann auch als Wettbewerb durchgeführt werden. Welches Paar ist am schnellsten?

Erdbeben

Gruppenspiel: 3er-Gruppe

Material: kein

Spielidee / Durchführung:

Jeweils drei Kinder bilden ein Haus. Zwei sind die Wände (linke und rechte Wand), das dritte Kind spielt den Bewohner. Somit befinden sich viele Häuser (3er-Gruppen) in der Sporthalle. Ein Kind, welches übrig bleibt, ist der Ausrufer. Es ruft entweder „rechte Wand“, „linke Wand“ oder Bewohner. Dann müssen sich alle Aufgerufenen ein neues Haus suchen. In dieser Zeit sucht sich auch der Ausrufer ein Zuhause und übrig bleibt ein anderes Kind. Es kann aber auch „Erdbeben“ gerufen werden, was bedeutet, dass alle Wände und Bewohner sich neue Rollen und Gruppen suchen müssen.

Siamesischer Fußball

Partnerspiel / Mannschaftsspiel: große Spielerzahl möglich

Material: je Spielerpaar 1 Seil, Ball (Fußball, Blechdose, etc.)

Spielidee / Durchführung:

Dieses ist ein gutes Beispiel, wie ein aggressiver Sport zu einem kooperativen Spiel umgewandelt werden kann. Die Regeln entsprechen ganz denen eines normalen Fußballspiels. Nur das Spielfeld ist kleiner und zu jedem Team können bis zu etwa zwanzig Spieler gehören. Der Hauptunterschied zum regulären Fußball besteht darin, dass sich jeweils zwei Spieler eines Teams die Knöchel zusammenbinden – so wie beim Dreibeinrennen. Der Ball – es kann auch ein Papierbecher oder eine Blechbüchse sein – kann sowohl mit dem „Klumpfuß“ als auch mit einem der beiden freien Füße gekickt werden. Das Tor hütet ein Paar, das Rücken an Rücken um den Bauch zusammengebunden ist. Am Ball zu bleiben ist gar nicht so einfach und es verlangt von den Paaren ein gutes Einfühlungsvermögen, Geschicklichkeit und Koordination.

Drachenschwanzjagen

Gruppenspiel

Material:

Tuch

Spielidee / Durchführung:

Etwa acht bis zehn Leute stellen sich hintereinander auf und legen die Arme um die Hüfte des Vordermannes. Der Letzte in der Reihe steckt sich hinten ein Tuch in die Turnhose. Mit dem Startzeichen beginnt der Drachen seinem Schwanz nachzujagen. Dabei muss der vorderste Spieler versuchen, das Tuch am Schwanzende zu erwischen. Das Kniffelige an diesem Geschlängel liegt darin, dass die vorderen und die hinteren Spieler gegeneinander spielen, dass aber die Kinder in der Mitte unsicher sind, auf welche Seite sie sich schlagen sollen.

Taulaufen

Gruppenspiel

Material: pro Gruppe ein Tau

Spielidee / Durchführung:

Jede Gruppe hat ein Tau. Die Kinder halten das Tau in der rechten Hand und laufen hintereinander her. Dabei sollen verschiedene Laufwege absolviert werden. So z. B. Schlangenlinien, Zahlen, Schnecken, Buchstaben oder neu erfundene Formen. Daneben gibt es noch zusätzliche Aufgaben wie rückwärts laufen, mit dem Tau zwischen den Beinen laufen, im Laufen das Tau über dem Kopf in die andere Hand geben, Drehung mit Handwechsel, in die Gegenrichtung laufen usw.

Monster Harry

Gruppenspiel

Material: kein

Spielidee / Durchführung:

Ziel des Spieles ist, dem Monster Harry zu entkommen. Harry ist am Anfang nur ein Einzelner, der versucht, die anderen zu fangen. Hat er jemanden erwischt, dann nimmt er ihn bei der Hand. Zu zweit gehen die Spieler auf die Jagd nach neuen Opfern. Sie verleiben sich alles ein, was sie mit ihren beiden äußeren Händen erwischen können. Dadurch wächst und wächst das Monster, bis zum Schluss nur noch einer übrig bleibt, der dann zum neuen Monster Harry wird. Eine Variante des Spiels ist, wenn sich das Monster teilen kann. Zum Beispiel können bei einem Monster bestehend aus vier Spielern wieder zwei eigenständige Monster zu je zwei Spielern gebildet werden.

Luftballontransport

Partnerspiel

Material:

je Paar 1 Luftballon

Spielidee / Durchführung:

Zwei Kinder klemmen sich einen Luftballon zwischen die Stirne. Nun fassen sie sich an und versuchen eine vorgegebene Spielfläche zu durchqueren, ohne dass der Ballon auf den Boden fällt.

Schmelzende Eisscholle

Mannschaftsspiel

Material:

Tapetenrolle (oder Zeitungen)

Spielidee / Durchführung:

Die Kinder teilen sich in zwei möglichst gleich große Gruppen auf. Aus Papier wird eine Eisscholle auf dem Boden ausgelegt, die groß genug ist, dass alle Spieler einer Gruppe Platz darauf haben. Die andere Gruppe bringt die Eisscholle durch Abreißen von Papierschnipseln zum Schmelzen. Die Gruppe auf der Scholle muss dafür sorgen, dass kein Kind ins „eiskalte Wasser" fällt. Z.B., indem sie sich „Huckepack" nehmen. Die Gruppen werden gewechselt, wenn ein Kind ins Wasser gefallen ist.

Tipp: Wenn die Eisscholle langsam schmilzt, wird die Spannung erhöht und die Kinder müssen noch mehr kooperieren.

eigene Ideen & Anmerkungen

Tote Löwen

Gruppenspiel:

viele „Löwen", ein „Jäger"

Material:

kein

Spielidee / Durchführung:

Dieses Spiel ist gut geeignet, wenn man nach einem anstrengenden Tag eine Verschnaufpause braucht. Bei dem Spiel geht es darum, so bewegungslos wie möglich zu sein. Alle Löwen – außer einem Jäger – lassen sich bequem nieder, sitzend oder liegend. Solange sie sich tot stellen, also keine Bewegung machen, sind sie für den Jäger uninteressant. Wenn der Jäger aber sieht, dass sich einer rührt, so wird dieser auch zum Jäger. Atmen und Augenzwinkern sind erlaubt, aber keine andere Bewegung. Die Jäger dürfen tun, was sie wollen, um den Löwen ein Lebenszeichen zu entlocken – außer sie anzufassen.

Aura

Partnerspiel

Material: kein

Spielidee / Durchführung:

Zwei Spieler stellen sich gegenüber und legen die Handflächen aneinander. Dabei schließen sie die Augen. Nach kurzer Zeit lassen sie die Hände sinken und drehen sich – immer noch mit geschlossenen Augen – dreimal im Kreis herum. Danach versuchen sie, ohne die Augen zu öffnen, die Handflächen des Partners auf Anhieb zu treffen.

Mäuse und Katze

Gruppenspiel:

eine „Katze", viele „Mäuse"

Material:

kein

Spielidee / Durchführung:

Ein Kind ist die Katze und die anderen Kinder sind die Mäuse. Alle Mäuse sind auf einer Seite des Spielfeldes und die Katze auf der anderen Seite. Wenn die Katze „Los" ruft, rennen alle Mäuse auf die andere Seite und versuchen dabei, nicht von der Katze erwischt zu werden. Sobald aber die Katze eine Maus mit der Pfote berührt hat, verwandelt sich diese in eine Mausefalle und beginnt nun, Mäuse zu fangen und festzuhalten, möglichst so lange, bis die Katze die gefangene Maus berührt hat und auch sie in eine Mausefalle verwandelt wird. Die Mäuse versuchen, sich aus den Fallen zu befreien. Der Spielleiter sollte darauf achten und hinweisen, dass das Spiel nicht zu rau wird.

Spürnase

Gruppenspiel:

eine „Spürnase", ein „Anführer", weitere Mitspieler

Material:

kein

Spielidee / Durchführung:

Dieses Spiel lässt sich gut zu Hause, z. B. auf einem Kindergeburtstag, spielen. Alle Personen stehen oder sitzen im Kreis. Zuerst wird eine „Spürnase" ermittelt. Diese muss kurz den Raum verlassen, damit die restlichen Spieler unter sich einen Anführer auswählen. Kommt die „Spürnase" wieder in den Raum, beginnt der Anführer mit einer Bewegung, die jeder ausführen kann. Die anderen Spieler versuchen zu verbergen, wer der Anführer ist, indem sie jede seiner Bewegung genau nachahmen. Dann darf die „Spürnase" ins Geschehen eingreifen und versuchen den Anführer herauszufinden. Der Anführer muss seine Bewegungen wechseln und die anderen müssen sie immer nachmachen. „Spürnase" darf seinen Spürsinn dreimal auf die Probe stellen. Entdeckt er den Anführer oder beschuldigt er dreimal die falsche Person, so wird der Anführer zur neuen „Spürnase".

eigene Ideen & Anmerkungen

Gesichterschneiden

Gruppenspiel:

Kreisaufstellung

Material:

kein

Spielidee / Durchführung:

Alle Spieler stellen sich im Kreis auf, so dass jeder jeden sehen kann. Einer fängt an, eine Grimasse zu schneiden. Wenn sie jeder gesehen hat, wendet er sich nach links oder rechts. Der Nachbar muss nun die Grimasse genau wie ein Spiegel kopieren und dreht sich dann zur Mitte, damit alle sehen, wie erfolgreich er damit war. Danach ist er selber an der Reihe, einen neuen Gesichtsausdruck zu zeigen. Wie der Vorgänger wendet er sich zum Nachbarn, der versucht, den Ausdruck zu spiegeln – und so im Kreis herum, bis alle einmal dran waren.

Blasebalg

Gruppenspiel:

ein „Blasebalg", viele „Luftballons"

Material:

kein

Spielidee / Durchführung:

Dieses Spiel ist eine gute Möglichkeit in Schwung zu kommen, den Körper zu dehnen und zu strecken und der Phantasie freien Lauf zu lassen. Einer spielt den Blasebalg, die anderen liegen schlapp auf dem Boden – wie unaufgeblasene Luftballons. Der Blasebalg beginnt zu pusten und zu prusten und mit tiefen Kniebeugen und ausholenden Bewegungen die Ballons langsam mit Luft zu füllen. Die Spieler sollen nun eine beliebige Ballongestalt annehmen. Zum Beispiel blähen sie die Backen auf, weiten die Brust und strecken die Arme aus. Danach können die Luftballons durch die Luft schweben, sich vom Wind schaukeln lassen und mit anderen sanft zusammenstoßen, um dadurch wieder in eine andere Richtung zu gelangen. Der Kreativität ist freien Lauf zu lassen. Es gibt verschiedene Möglichkeiten, dieses Spiel zu beenden. Der Blasebalg kann plötzlich eine Phantasienadel in der Hand haben und einen nach dem anderen zum Platzen bringen, oder alle lassen zugleich den Dampf ab und wirbeln, schießen und zischen – mit Geräuschen – durch die Luft.

Figurenwerfen

Partnerspiel

Material:
kein

Spielidee / Durchführung:

Die Kinder fassen sich paarweise an beiden Händen und schleudern sich gegenseitig im Kreis herum, bis sie loslassen und irgendwie als „schockgefrorene Figur" zu Boden fallen.

Familiengeschichte

Gruppenspiel:

„Familienmitglieder“

Material:

kein

Spielidee / Durchführung:

Hier kann ein Stück Familiengeschichte in Szene gesetzt werden, mit Mutter, Vater, Großeltern, Geschwistern und wer sonst noch dazu gehört. Die Spieler werden in Reihen aufgeteilt und zwar auf jede Reihe so viele, wie die Familie Mitglieder hat. Danach werden die Rollen auf die einzelnen Plätze in der Reihe verteilt. Die Reihen sollten parallel stehen und genug Zwischenraum haben, damit zwei Personen hindurch rennen können. Jetzt erzählt einer eine Geschichte aus dem Leben einer Familie. Jedes Mal, wenn er einen erwähnt, der in der Reihe steht, muss dieser um die ganze Reihe herumlaufen. Ist von der ganzen Familie die Rede, müssen alle um sich selbst herumlaufen.

Oh-Ah

Gruppenspiel:

Kreisaufstellung

Material:

kein

Spielidee / Durchführung:

In diesem Spiel sind es nicht Bälle oder Ringe, die die Runde machen, sondern ein Händedruck, Augenzwinkern, Oh's und Ah's oder sonstige Zeichen der Freundschaft. Die Spieler stellen sich im Kreis auf und geben sich die Hände. Jetzt drückt einer die Hand seines Nachbarn zur Rechten kurz und fest. Dieser gibt den Händedruck weiter und bevor man es sich vorstellen kann, kommt er von links wieder zurück. Um es schwieriger zu machen kann man auch das Tempo erhöhen und auch noch einen Laut mit auf den Weg geben. Man kann auch in die eine Richtung ein „Oh" schicken und in die andere Richtung ein „Ah".

Doppelpose

Gruppenspiel

Material: kein

Spielidee / Durchführung:

Zwei Personen werden außer Hörweite geschickt, während die Gruppe sich eine Haltung oder Bewegung ausdenkt, welche die beiden erraten müssen. Zum Beispiel auf einem Bein stehen und sich an den Händen halten, auf dem Bauch liegen und den Kopf nach links drehen, oder hintereinander auf dem Rücken liegen und Tandem fahren. Es muss eine eindeutige Bewegung sein, aber sie sollte nicht so schwierig oder detailliert sein. Wenn sich die Gruppe über die genaue Haltung einig ist, ruft sie die beiden zurück. Diese versuchen nun alle möglichen Bewegungen, um zu sehen, wie die Mitspieler darauf reagieren. Durch lautes oder leises Klatschen, durch Bravo- oder Buh-Rufe oder durch lautes oder leises Summen kann die Gruppe zu verstehen geben, wie nah sie der Lösung gekommen sind. Während also „Heiß“ oder „Kalt“ signalisiert wird, sollten die beiden langsam herausfinden, welche Pose von ihnen erwartet wird. Die beste Strategie für die beiden ist es, alle möglichen Bewegungen auszuprobieren, bis sie eine positive Reaktion von der Gruppe bekommen. Dann sollten sie diese Haltung beibehalten, bis sie herausfinden, welches Detail zur gesuchten Pose gehört.

Ich stelle mich vor

Gruppenspiel: Kreisaufstellung

Material: kein

Spielidee / Durchführung:

Die Spieler bilden einen Kreis mit dem Gesicht nach innen. Einer tritt in die Mitte und verkündigt mit bedeutungsvollen Gesten seinen Namen. Er könnte zum Beispiel in die Mitte schreiten und würdevoll „Alexander“ rufen und sich vornehm wie „Alexander der Große“ auf seinen Platz im Kreis zurückziehen. Das ist das Zeichen für alle anderen Kinder, alle zugleich die Vorstellung genau zu wiederholen, bis in alle Einzelheiten der Bewegung und des Tonfalles. Jetzt ist z. B. Sarah an der Reihe. Sie könnte sich in den Kreis schlängeln und „SSSSarah“ zischen. Daraufhin wird die Gruppe zu schlangenartigen Sarahs. So kommt reihum jeder mit dem Vorstellen an die Reihe und hat gleich darauf Gelegenheit, sich vielfach gespiegelt zu sehen. Die Vorstellung kann das Hobby oder verborgene Züge seiner eigenen Person verraten, sie kann aber auch frei erfunden sein. Ob so oder so, je einfallsreicher und spontaner die Bekanntmachung vorgeführt wird, umso mehr Spaß wird das Spiel machen. Aber die Bewegungen sollten so gewählt werden, dass die anderen sie auch wirklich wiederholen können.

Finger weg

Gruppenspiel

Material:

kein

Spielidee / Durchführung:

Alle Kinder sitzen am Tisch und legen eine Hand auf die Tischplatte. Bei mehreren Kindern können auch beide Hände genommen werden. Jeder Finger zählt einen Punkt. Ein Kind beginnt und erzählt etwas, was es noch nie in seinem Leben gemacht hat: „Ich war noch nie in meinem Leben in Amerika". Alle Kinder, die das schon mal in ihrem Leben gemacht haben, müssen einen Finger verschwinden lassen. Sie verlieren dadurch also einen Punkt. Danach ist der nächste Spieler an der Reihe. Wer keinen Punkt mehr hat, hat verloren.

Pantomime

Gruppenspiel

Material:

kein

Spielidee / Durchführung:

Es werden zwei Gruppen gebildet. Eine verlässt kurz den Raum und vereinbart irgendeine Tätigkeit (z. B. Fahrrad flicken oder Straßenbauarbeiten). Nachdem die Spieler den Raum wieder betreten haben, führen sie nun ihre Tätigkeit pantomimisch vor, ohne natürlich ein Wort zu sprechen. Die zweite Gruppe hat die Aufgabe, zu erraten, was gespielt wird. Wurde richtig geraten, dürfen sie eine Tätigkeit spielen.

Die große Maschine

Gruppenspiel

Material:

Musik

Spielidee / Durchführung:

Die große Maschine wird aus Spielern zusammengesetzt, die je einen Bauteil darstellen. Es beginnt mit einem Spieler, der zu einer rhythmischen Musik regelmäßig und andauernd eine beliebige Körperbewegung ausführt. Nacheinander kommen die anderen Spieler hinzu, nehmen Körperkontakt auf und bewegen ebenfalls einen oder mehrere Körperteile, bis eine große arbeitende Maschine entstanden ist. Je mehr Phantasie beim Aufbau eingebracht ist, umso attraktiver wird das Gesamtgebilde.

Verkehrte Welt

Gruppenspiel:

Reihenaufstellung

Material:

kein

Spielidee / Durchführung:

Ein Kind ist der „Vormacher“. Alle anderen Kinder stellen sich in einer Reihe auf. Der Vormacher führt eine Bewegung aus und die anderen müssen diese Bewegung spiegelverkehrt nachmachen. Das heißt, wenn der Vormacher den rechten Arm hebt, hebt die Gruppe den linken Arm, wird der Kopf nach links gedreht, drehen alle Kinder den Kopf nach rechts. Passt ein Spieler dreimal nicht auf und macht dreimal die falsche Bewegung, wird er der neue Vormacher.

Lebende Bilder

Gruppenspiel:

2 Gruppen à 6 – 12 Spieler

Material:

kein

Spielidee / Durchführung:

Es werden zwei Gruppen mit je 6 – 12 Spielern gebildet. Eine Gruppe wählt eine Szene oder ein Erlebnis aus, das sie dargestellt sehen möchten. Sie könnten zum Beispiel das Thema „Zahnpflege" wählen. Die andere Gruppe hat nun die Aufgabe, die gewünschte Szene so phantasievoll wie möglich darzustellen. Am besten eignen sich Szenen oder Vorgänge mit vielen charakteristischen Elementen und Details. Die Gruppe, welche die Szene vorgeschlagen hat, kann einfallsreiche Vorschläge machen. Die Darstellungsgruppe hat ein paar Minuten Zeit, um die Rollen zu verteilen. Die Spieler müssen sich überlegen, wie einzelne oder mehrere zusammen Elemente der Szene darstellen können. Und dann beginnt die Vorstellung. Bei Zahnpflege zum Beispiel können einzelne Spieler Backen-, Eck- und Schneidezähne darstellen. Man kann sich auch in eine menschliche Zahnpasta verwandeln, aus der die Paste herausgedrückt wird, und einer spielt die Zahnbürste. Und der krönende Abschluss ist das Gruppengurgeln.

Such den Schuh

Gruppenspiel

Material:

Turnschuh

Spielidee / Durchführung:

Die Kinder sitzen mit angehockten Beinen eng nebeneinander im Kreis. Unter ihren Knien wandert ein Turnschuh im Kreis herum. Ein Spieler, der sich außerhalb des Kreises bewegt, soll durch genaues Beobachten und schnelles Zupacken den Turnschuh finden. Er wird dann von dem Spieler abgelöst, bei dem er den Schuh fand. Die Kinder, die im Kreis sitzen, können den Suchenden durch Tarnbewegungen täuschen und in die Irre führen.

Kapitän Video

Gruppenspiel

Material: kein

Spielidee / Durchführung:

Bei diesem Spiel wird eine Bewegung weiter gegeben. Das geht am leichtesten, wenn sich die Kinder im Kreis aufstellen und sich nach der Erklärung des Spiels nach außen wenden. Eine Person steht in der Mitte und ist Kapitän Video. Er tippt einem Spieler auf die Schulter, was für ihn das Zeichen ist, sich umzudrehen. Kapitän Video führt nun eine einfache Bewegung z. B. Knicks mit Augenzwinkern aus. Der zweite Spieler muss genau aufpassen, denn er muss die Bewegung exakt wiederholen und dem Dritten weitergeben. Der Kapitän nimmt den Platz im Kreis ein, diesmal aber mit dem Gesicht nach innen, damit er beobachten kann, was aus seinem „Zwinkerknicks" wird. So geht es weiter bis zum letzten Spieler. Mit ihm zusammen tritt der Kapitän in den Kreis. Beide schauen sich an und auf „drei" machen beide gleichzeitig die Bewegung vor. Sie sollte eigentlich gleich sein, ist aber meistens kaum wieder zu erkennen.

Detektiv

Partnerspiel

Material: kein

Spielidee / Durchführung:

Die beiden Spieler stellen sich oder setzten sich gegenüber und prägen sich zwei oder drei Minuten lang haargenau jede äußere Einzelheit des Partners ein. Dann wenden sie sich den Rücken zu und verändern sechs Details an ihrem Aussehen. Details, die man deutlich sehen kann, ohne dass der andere sich bewegen oder etwas berühren muss. Wenn man fertig ist, dreht man sich um und schaut, ob man alles entdeckt, was sich an dem Partner verändert hat.

Kängurus und Koalabär

Gruppenspiel

Material: 2 große Bälle gleicher Farbe, 1 kleiner Ball anderer Farbe

Spielidee / Durchführung:

Bei diesem Spiel werden drei Bälle gebraucht. Zwei gleiche für die Kängurus und ein kleiner mit anderer Farbe für den Koala. Alle Kinder stellen sich im Kreis auf und beginnen die Kängurubälle von Spieler zu Spieler zu geben. Dabei darf der Ball nur an den direkten Nachbarn weitergegeben werden. Richtungswechsel ist erlaubt. Jetzt kommt der Koalaball ins Spiel. Dieser darf den Kreis queren und überall hingespielt werden. Ziel des Spiels ist, den Koalabär zu fangen, indem ein Känguruball den Koalaball berührt.

Affe und Kokosnuss

Kreisspiel

Material: Tennisball

Spielidee / Durchführung:

Die ganze Klasse, bis auf einen Schüler, der außerhalb des Kreises steht, bildet einen Kreis. Wenn die Schüler die Arme ausstrecken, sollten sich die Hände gerade berühren. Die Kokosnuss (Tennisball) liegt in der Mitte des Kreises. Der Spieler außerhalb des Kreises ist der diebische Affe, welcher versucht, die Kokosnuss zu klauen. Die Affen-Kreisfamilie bestimmt einen aus ihrem Kreise, welcher der Aufpasser ist, damit die Kokosnuss nicht geklaut wird. Dieses darf natürlich der diebische Affe nicht mitbekommen. Am besten geht er kurz in eine Ecke und schließt die Augen, während die Kreisfamilie durch Zeigen einen Aufpasser auswählt. Der diebische Affe versucht nun, die Kokosnuss aus der Mitte zu klauen. Er gewinnt, wenn er den Kreis verlassen kann, ohne dass ihn der Aufpasser fängt.

Tipp: Ab einer Gruppengröße von 25 können zwei Aufpasser eingesetzt werden.

Schuhsalat

Gruppenspiel

Material: eigene Turnschuhe

Spielidee / Durchführung:

Alle Kinder sitzen in einem Kreis und müssen ihre Schuhe ausziehen. Diese legen sie in die Kreismitte. Jetzt schnappt sich jeder die Schuhe, von denen er meint, dass sie dem linken Nachbarn gehört. Wer hat dem Nachbarn am schnellsten beide Schuhe angezogen?

Tipp: Das Spiel sollte „ohne Worte“ gespielt werden

Reifenspringen

Gruppenspiel

Material: Reifen (zwei Reifen mehr als Teilnehmer)

Spielidee / Durchführung:

Gymnastikreifen werden so auf dem Boden ausgelegt, dass immer Abstände von einem bis anderthalb Metern zu den jeweils benachbarten Reifen gegeben sind. Es sollten zwei Reifen mehr sein als Spielteilnehmer. Jeder Spieler steht in einem Reifen, und dann geht das muntere Springen von Reifen zu Reifen los. Man darf natürlich immer nur in einen Reifen hineinspringen, der frei geworden ist. Das erfordert viel Aufmerksamkeit und Geschicklichkeit.

Gordischer Knoten

Gruppenspiel: 6 – 10 Kinder in enger Kreisaufstellung

Material: kein

Spielidee / Durchfürung:

Bei diesem Spiel stehen sechs bis zehn Kinder in einem dichten Kreis und halten ihre Hände in die Mitte. Auf ein bestimmtes Signal hin (vielleicht auch mal mit geschlossenen Augen) fasst jeder zwei fremde Hände. Nun geht es darum, den Knoten zu lösen, ohne ihn zu zerreißen, und hinterher in einen Kreis zu gelangen, ohne die Hände loszulassen.

Dreieckfangen

Gruppenspiel: jeweils Vierer-Gruppen

Material: kein

Spielidee / Durchführung:

Drei Spieler fassen sich an den Händen und bilden ein Dreieck. In der Gruppe wird einer ernannt, der die Zielscheibe darstellt. Ein vierter Spieler steht außerhalb des Dreiecks und ist der Schütze. Nun versucht der Schütze, die Zielscheibe am Rücken zu berühren. Er darf sich aber nicht über den Kreis beugen und es genügt nicht Hände oder Arme anzutippen. Die drei Spieler im Dreieck versuchen, ihre Zielscheibe durch geschicktes Ausweichen vor dem Schützen zu decken.

Partnerrolle

Partnerspiel

Material:

3–4 Turnmatten

Spielidee / Durchführung:

Mehrere Matten werden hintereinander gelegt, so dass eine „Straße“ entsteht. Am Anfang liegt der Partner mit dem Rücken auf der Matte, der andere steht über seinem Kopf, beugt sich nach vorn und fasst die Fußgelenke des Liegenden, der ebenfalls die Fußgelenke des Partners festhält. Der Stehende versucht nun eine Rolle vorwärts und zieht den Liegenden mit hoch, der nun wieder in die Rolle geht, so dass sich ein Rad aus Körpern weiter bewegt.

Außen-Innenkreis

Gruppenspiel: gerade Spielerzahl

Material: kein

Spielidee / Durchführung:

Eine gerade Zahl von Mitspielern bildet einen Kreis. Alle schauen in die Mitte und stehen Schulter an Schulter beieinander. Dann sagt einer nach dem anderen: „Innen“, „Außen“, „Innen“, „Außen“ etc., so dass am Schluss jeweils ein „Innen“ zwei „Außen“ neben sich hat und umgekehrt. Nun zählen alle bis drei und lehnen sich abwechselnd nach innen und dann nach außen. Die Füße bleiben fest am Boden und das Gleichgewicht wird nur mit den Armen gehalten. Die Kinder können sich mit etwas Übung erstaunlich weit nach vorne oder hinten beugen ohne umzufallen.

Nur nicht hinein

Gruppenspiel: Kreisauftstellung

Material: Kegel

Spielidee / Durchführung:

Eine Gruppe von sechs Kindern steht eng um einen Kegelkreis. Die Kinder halten sich an den Händen. Auf Kommando ziehen alle gleichzeitig nach außen. Jeder versucht, den anderen in den Kreis zu ziehen, so dass ein Kegel umfällt und er selbst draußen bleibt. Hat ein Kind einen Kegel umgeworfen, geht es raus und gibt das Kommando. Bei jedem Ausscheiden wird ein Kegel herausgenommen. Gespielt wird so lange, bis nur noch ein Kind übrig bleibt.

Planetenbahn

Gruppenspiel

Material:

1 großer aufblasbarer Ball (Pezziball, Strandball, etc.)

Spielidee / Durchführung:

Alle Spieler legen sich in zwei Reihen mit den Köpfen zueinander auf den Boden. Nun werden die Hände nach oben gestreckt und ein riesiger Ball wird die Reihe entlang wandern. Damit der Ball in Bewegung bleibt, läuft man zum anderen Ende der Reihe, sobald er an einem vorbei ist, und legt sich auf den Boden, um ihn erneut in Empfang zu nehmen.

eigene Ideen & Anmerkungen

Obstkorb

Gruppenspiel

Material: Stühle / Kissen / Teppichfliesen o. Ä.

Spielidee / Durchführung:

Alle Spieler – außer einem – sitzen im Kreis auf einem Stuhl, Kissen oder Teppichstück, mit dem der Platz gekennzeichnet ist. Der eine ohne Sitz ist der Obstkäufer und steht in der Mitte des Kreises. Nun sagt jeder, auch der Obstkäufer, welches Obst er am liebsten hat. Es ist in Ordnung, wenn mehrere die gleichen Obstsorten bevorzugen. Der Käufer ruft nun laut die Namen einiger Obstsorten aus: „Äpfel, Birne, Kirsche, Ananas…“ Er darf so viele Sorten nennen, wie er will. Wenn er am Schluss ruft: „Körbchen wechsle dich!“, müssen sich alle, deren Lieblingsobst ausgerufen wurde, einen neuen Platz suchen. Auch der Käufer versucht einen Platz zu bekommen, auf dem er sich ausruhen kann. Zum Schluss bleibt einer übrig, der keinen Platz bekommen hat. Dieser wird der nächste Obstkäufer und ruft aus der Mitte die Obstsorten aus.

Die Latte fällt

Gruppenspiel

Material: 1 Sprunglatte oder lange Stange

Spielidee / Durchführung:

Die Spieler bilden einen Kreis von etwa 6 Meter Durchmesser. Jeder Kreisspieler bekommt eine Nummer. In der Mitte des Kreises befindet sich ein Kind mit einer 2 Meter langen Sprunglatte, die es senkrecht auf den Boden gestellt festhält. Plötzlich ruft es eine Nummer und lässt die Stange fallen. Der aufgerufene Spieler muss schnell zur Mitte laufen und die Stange auffangen, bevor sie auf den Boden fällt.

Stein-Papier-Schere

Mannschaftsspiel: 2 Teams bilden

Material: Markierungshütchen oder Ähnliches

Spielidee / Durchführung:

Bei diesem Spiel muss man vorher die Symbole „Stein“ (geschlossene Faust), „Papier“ (geöffnete Hand), „Schere“ (zwei gespreizte Finger) und die Gewinnregeln „Papier deckt Stein“, „Stein bricht Schere“, „Schere schneidet Papier“ kennen. Man braucht zwei Teams, zwei Freizonen am Ende des Spielfeldes und eine Mittellinie. Jedes Team einigt sich leise auf ein Symbol. Beide Teams stellen sich entlang der Mittellinie auf, rufen im Rhythmus „Stein-Papier-Schere“ und zeigen mit dem vierten Schlag ihr Symbol. Das Team, das gewinnt, beginnt unmittelbar mit der Jagd auf die Verlierer und versucht möglichst viele von ihnen zu fangen, bevor sie ihre Freizone erreicht haben. Man braucht ein geübtes Auge und blitzschnelles Reaktionsvermögen, um sofort zu erkennen, ob man jagen oder flüchten soll. Man wird sich wundern, wie oft man sich täuscht. Die Gefangenen werden nun Mitglieder der Sieger und spielen auf der anderen Seite mit. So sind die Größe und Zusammensetzung des Teams ständig im Fluss und alle bleiben im Spiel.

Hasenjagd

Gruppenspiel

Material: kein

Spielidee / Durchführung:

Alle Spieler hocken sich in einer Reihe auf den Boden und zwar so, dass sie immer abwechselnd in die entgegen gesetzte Richtung schauen. Der Spieler an dem einen Ende ist der Hase. Er kann rechts oder links herumlaufen und darf die Richtung wechseln. Der Spieler am anderen Ende der Reihe beginnt mit der Jagd. Er kann in beiden Richtungen losrennen, muss aber die einmal eingeschlagenen Richtung beibehalten. Ziel der Jagd ist es natürlich, den Hasen zu fangen. Der Jäger kann jederzeit einem der hockenden Spieler auf den Rücken klopfen und „Los" rufen. Der betreffende Spieler muss jetzt die Verfolgung aufnehmen, während sich der Jäger an die freigewordene Stelle hockt. Dieses Manöver, einen neuen Spieler loszuschicken, macht die ganze Gruppe zu Jägern und ermöglicht so, die Richtung der Jagd zu ändern. Der Schlüssel zu diesem Spiel liegt im raschen und häufigen Wechsel der Jäger. Nur so kann der Hase schnell gefangen werden. Auf schnelles Laufen kommt es weniger an als auf gute Reflexe und schnelles Denken. Wenn der Hase erwischt ist, hockt er sich an ein Ende der Reihe. Der erfolgreiche Jäger wird der neue Hase und der Spieler am anderen Ende der Reihe beginnt als erster Jäger die nächste Runde.

Beintreffen

Gruppenspiel:

Kreisbildung

Material:

2 Bälle

Spielidee / Durchführung:

Alle Spieler liegen mit dem Bauch auf dem Boden und bilden einen Kreis. Ein Spieler befindet sich stehend in der Mitte. Die liegenden Kreisspieler rollen zwei kleine Bälle in den Kreis und versuchen den Mittelspieler zu treffen. Dieser versucht durch Springen und Laufen dem Ball auszuweichen. Nach einem Treffer wird gewechselt.

Drachenschatz

Gruppenspiel

Material:

ein Schatz (z. B. ein Taschentuch).

Spielidee / Durchführung:

Ein Spieler ist der Drache und alle anderen Spieler bilden einen Kreis um ihn herum. Der Drache versucht, seinen auf dem Boden liegenden Schatz (Taschentuch) vor den Kindern im Kreis zu beschützen. Diese wollen ihn stehlen, ohne erwischt zu werden. Der Drache kann sich von seinem Schatz so weit entfernen, wie er es wagt. Wenn er ein Kind berührt, erstarrt dieses auf der Stelle und bleibt so bis zum Ende des Spiels. Wenn ein Spieler den Schatz erobert hat, ist er der nächste Drache.

Die Löwen sind los

Gruppenspiel

Material: kein

Spielidee / Durchführung:

Zwei Kinder sind die Löwen, die auf einer Seite des Spielfeldes, der Savanne, auf allen Vieren laufen. Alle anderen Kinder sind die Touristen, die sich ganz nah an die Löwen wagen, um sie zu fotografieren oder vielleicht zu streicheln. Der Lehrer ruft plötzlich „die Löwen sind los". Daraufhin müssen sich die Touristen schnellstens in Sicherheit bringen, indem sie zur anderen Hälfte des Spielfeldes laufen. Die Löwen dürfen beim Fangen wieder auf zwei Beinen laufen. Die Kinder, die gefangen wurden, sind beim nächsten Durchgang ebenfalls Löwen.

Flipper

Kreisspiel

Material: weicher Ball/Softball

Spielidee / Durchführung:

Die Gruppe stellt sich in Kreisform mit dem Rücken zur Mitte und mit gespreizten Beinen auf. Alle beugen sich vornüber und falten die Hände. Die Kinder schlagen mit den gefalteten Händen durch die Beine einen Ball im Kreis umher. Ziel ist, ein Kind, welches in der Mitte steht, mit dem weichen Ball zu treffen. Wer getroffen hat, kommt in die Mitte.

Gefrorener Bohnenbeutel

Gruppenspiel

Material: pro Kind einen kleinen Bohnensack

Spielidee / Durchführung:

Am Anfang bewegen sich alle Kinder in ihrem eigenen Tempo durch die Halle und jeder balanciert einen Bohnenbeutel auf dem Kopf. Um die Sache schwieriger zu machen, kann man das Tempo und die Handlung verändern. Die Spieler werden nun gebeten zu springen, zu hüpfen, rückwärts zu gehen, schneller zu gehen usw. Wenn einem der Bohnenbeutel vom Kopf fällt, ist der Spieler erfroren. Ein anderer Spieler muss dann den Beutel aufheben und zurück auf den Kopf des gefrorenen Mitspielers legen, um ihn zu befreien. Dabei darf er den eigenen Bohnenbeutel nicht verlieren. Das Ziel des Spiels ist es, seinen Freunden zu helfen, indem man dafür sorgt, dass sie ungefroren bzw. nur möglichst kurz gefroren bleiben.

Feuerwehr

Gruppenspiel

Material: kein

Spielidee / Durchführung:

Alle Kinder teilen sich in Reihen von etwa fünf Spielern auf. Die Reihen stehen nebeneinander und schauen alle in die gleiche Richtung. Bezeichnet wird ein Punkt in etwa zehn Metern Entfernung, wo es brennt. Jeder ist eine Feuerwehr und versucht das Feuer zu löschen. Am Anfang scheint das Feuer noch nicht so groß zu sein und so schickt jede Gruppe nur eine Feuerwehr mit Sirenengeheul („Tat-tata“) und Blaulicht (eine Hand geht hoch über dem Kopf auf und zu) nach vorne. An Ort und Stelle fangen die Feuerwehren an, mit ihren Schläuchen zu spritzen. Aber sie entdecken, dass sie es alleine nicht schaffen, und so fahren sie zurück und holen mit Tatü-Tata Hilfe von einer zweiten Feuerwehr. Da das Feuer trotz aller Bemühungen immer größer wird, sind schließlich alle Feuerwehren beim Großbrand im Einsatz.

Zauberer

Gruppenspiel

Material: kein

Spielidee / Durchführung:

Die Zauberer verwandeln Menschen in Stein, aber die Opfer können durch eine Umarmung wieder von dem Spuk erlöst werden. Alle Spieler bilden einen Kreis und schließen die Augen. Einer, der nicht mitspielt (Lehrer, Spielleiter), geht herum und fährt mit seiner Hand all jenen sanft über den Rücken, die Zauberer sein sollen. Auf etwa fünf Spieler kommt ein Zauberer. Nun öffnen alle die Augen und rennen weg, um den Zauberern zu entkommen. Diese können mit derselben Handbewegung über den Rücken jemanden versteinern. Am Anfang weiß keiner, wer die Zauberer sind. Selbst die Zauberer wissen nicht, wer außer ihnen selbst zaubern kann. Aber dies stellt sich bald heraus, wenn einer nach dem anderen erstarrt. Natürlich versucht jeder, das Werk der Zauberer zu Nichte zu machen und die Versteinerten mit einer Umarmung zu erlösen. Nach einigen Minuten kommen alle wieder im Kreis zusammen und neue Zauberer werden ausgewählt.

Riesenturm

Gruppenspiel

Material: verschiedene Gegenstände (Reifen, Kisten, Bänke, Bälle etc.)

Spielidee / Durchführung:

Das Ziel dieses Spiels besteht darin, einen einzigen Turm zu bauen. Gegenstände können Kastenteile, Reifen, Langbänke, Bälle, Reifen oder irgendwelche anderen Materialien sein, die zur Hand sind. Damit alle Kinder die ganze Zeit aktiv sind, können sie durch die Halle rennen, springen, hüpfen oder sich im Krebsgang fortbewegen. Eine ausgewählte Person ruft zum beliebigen Zeitpunkt „Turm" und alle Mitspieler nehmen ein Stück Material ihrer Wahl aus dem gemeinsamen Vorrat. Dieses platzieren sie an einen vorher bekannt gegebenen Platz, um dort den gemeinsamen Turm zu bauen. Dann laufen alle wieder herum, bis das Signal „Turm" ertönt. Jeder fügt nun dem Riesenturm ein weiteres Stück hinzu. Eine weitere Möglichkeit ist, dass sich die Kinder bei dem Ausruf „Turm" einen Partner wählen und gemeinsam ein Materialstück auswählen, um es zum Turm zu tragen. Dadurch können auch größere und schwerere Gegenstände (Langbank, Kasten, Bock) transportiert werden. Es können auch Zusatzaufgaben erfolgen, wie z. B. partnerweise einen Gegenstand mit Stöcken balancieren oder einen Ball Kopf an Kopf hinübertragen. Jedes Mal wenn „Turm" ertönt, können die Spieler einen neuen Partner wählen, mit dem sie zusammenarbeiten wollen.

Astronautenspiel

Gruppenspiel

Material:

Hütchen

Spielidee / Durchführung:

Von einem zentralen Hütchen aus, welches die Erde darstellt, sind weitere Hütchen, die Satelliten, sternförmig und gleich weit entfernt aufgebaut. An jedem Satelliten stehen drei Astronauten hintereinander. Auf ein Zeichen hin, „fliegt“ jede Gruppe um ihren Satelliten herum zur Erde, umläuft diese und fliegt dann zum nächsten Satelliten. Der Raumflug ist beendet, wenn alle Satelliten umflogen sind.

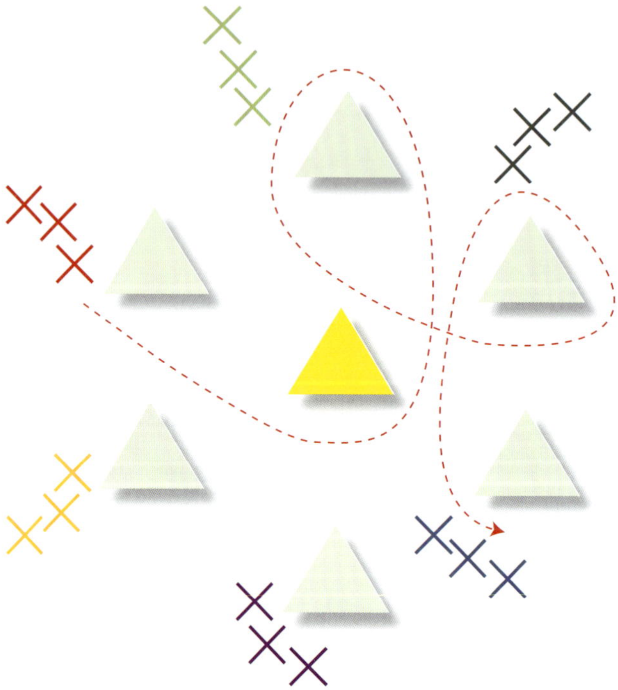

Blinder Floh

Gruppenspiel: Fangspiel

Material: Tuch

Spielidee / Durchführung:

Alle Spieler sind Flöhe und hüpfen durch die Halle. Ein Floh ist der „Blinde Floh“ und bekommt ein Tuch vor die Augen gebunden. Seine Aufgabe ist es, einen der anderen Flöhe zu fangen. Jeder Floh hat nur 10 Sprünge frei, nur der „Blinde Floh“ darf so häufig hüpfen, wie er will. Wenn die anderen Kinder ihre Sprünge aufgebraucht haben, ist es für den Fänger ein Leichtes einen zu fangen. Dieser wird dann der nächste Floh.

Stechmücke

Gruppenspiel: Fangspiel

Material: kein

Spielidee / Durchführung:

Jeweils vier Kinder bilden eine Gruppe, indem sich drei Spieler an den Händen halten und einen Kreis bilden. Der vierte Spieler ist die Stechmücke und steht außerhalb des Kreises. Aus der Dreiergruppe wird nun ein Kind ausgewählt, dass von der Mücke „gestochen“, das heißt mit dem Finger am Schulterblatt berührt werden soll. Die Dreiergruppe darf sich nicht lösen, aber in alle Richtungen drehen, so dass die Mücke nicht stechen kann. Nach einem Zeitlimit werden die Rollen getauscht. Ein anderes Kind ist die Mücke und ein anderer aus dem Kreis muss berührt werden.

eigene Ideen & Anmerkungen

Speichenrennen

Gruppenspiel

Material: kein

Spielidee / Durchführung:

Die Spieler setzen sich in Vierer- oder Fünferreihen wie die Speichen eines Rades mit überkreuzten Beinen hintereinander. Alle schauen nach innen – zur Nabe. Einer beginnt als Ausrufer.
Dieser rennt um das Rad herum und zerbricht eine Speiche, indem er dem Letzten in einer Reihe einen leichten Klaps gibt. Dabei ruft er entweder „Kommt mit!" oder „Haut ab!" Nun rennen der Ausrufer und alle Spieler der gebrochenen Speiche um das Rad herum und versuchen, wieder eine neue Speiche am alten Platz zu bilden. Sie laufen allerdings nicht immer in die gleiche Richtung. Bei „Komm mit" laufen die Spieler dem Ausrufer hinterher. Heißt es „Haut ab", so rennen sie in die entgegen gesetzte Richtung. Der Letzte, der außen an der Speiche ankommt, wird der Ausrufer für die nächste Runde.
Dieses Spiel erfordert viel Rücksichtnahme. Es gilt die Grundidee der Kooperativen Spiele zu beachten, denn nicht der Sieg um jeden Preis zählt. Es ist oberstes Gebot, keinen umzurempeln und wegzudrücken. Auch bekommt der Ausrufer die Innenbahn, um Unfälle zu vermeiden.

Einer zu viel

Gruppenspiel

Material: kein

Spielidee / Durchführung:

Am Anfang werden zwei Kinder ausgewählt, die mit der Jagd beginnen sollen. Einer ist der Fänger, der andere der Läufer. Alle anderen Spieler bilden einen Kreis, wobei jeweils zwei Spieler hintereinander stehen. Der Kreis darf nicht zu eng sein und es sollte ruhig etwas Platz zwischen den Paaren sein. Nun rennt der Läufer los und der Fänger muss versuchen ihn zu fangen. Der Läufer kann sich in Sicherheit bringen, indem er sich vorne zu einem der Paare stellt. Aber drei tut nicht gut und so muss der Hintermann weichen. Jetzt wird er verfolgt. Wenn ihm die Puste ausgeht, dann kann er wiederum vor einem Paar stehen bleiben und damit einen Neuen zum überflüssigen Dritten machen. Wird einer gefangen, so tauschen sie sofort die Rollen.

Fliegender Holländer

Gruppenspiel: Kreisaufstellung

Material: kein

Spielidee / Durchführung:

Alle Spieler – bis auf zwei – stellen sich im Kreis auf und reichen sich die Hände. Die beiden anderen Spieler sind das Geisterschiff. Sie nehmen sich an der Hand und gehen an der Außenseite des Kreises entlang. Hier sind sie auf der Suche nach einem sicheren Hafen. Haben sie eine günstige Stelle entdeckt, trennen sie die Hände zweier Spieler. Dies ist der Zeitpunkt, zu dem das Geisterschiff anfängt, den Kreis zu umrunden. In der Zwischenzeit haben die zwei getrennten Spieler sich wieder bei der Hand genommen und laufen ebenfalls, aber in entgegengesetzter Richtung wie das Geisterschiff, an der Außenseite des Kreises entlang. Vorsicht: Keine Karambolagen riskieren! Sie müssen versuchen, den Hafen vor dem Fliegenden Holländer zu erreichen. Das Paar, welches als Erstes im Hafen einläuft, schließt den Kreis. Das andere Paar muss sich als nächstes auf die Suche nach einem Hafen machen. Zur Abwechslung kann sich das Geisterschiff auch hüpfend, rückwärts oder im Huckepack fortbewegen.

Namenwerfen

Gruppenspiel

Material: 2 – 3 Softbälle

Spielidee / Durchführung:

Dieses Spiel kann optimal als Aufwärmspiel eingesetzt werden. Die Kinder rennen kreuz und quer durch die Halle und der Lehrer wirft wahllos zwei Bälle in die Runde. Wer einen Ball erwischt, versucht ein Kind abzuwerfen. Hat er es getroffen, muss der getroffene Spieler aus dem Feld und sich auf die Bank setzen. Er kann jedoch wieder ins Spielgeschehen eingreifen, wenn derjenige, der ihn abgeworfen hat, auch von einem anderen Spieler getroffen wurde. Wichtig bei diesem Spiel ist, dass man sich die Person merkt, die einen abgeworfen hat. So hat man jederzeit die Möglichkeit, wieder ins Spiel zu kommen. Fängt man den Ball, so ist man nicht abgetroffen. Oftmals kommt es auch vor, dass nur zwei Kinder übrig bleiben. Beide haben einen Ball und versuchen sich gegenseitig zu treffen. Gelingt einer Person dies, dann ist das Spiel keinesfalls beendet, weil ja alle Spieler, die vorher vom Abgetroffenen selber aus dem Spielfeld geschickt worden sind, wieder ins Spiel kommen. Es kann also endlos weitergespielt werden und es gibt keinen richtigen Gewinner.

Such das Quartett

Gruppenspiel

Material: Kartenspiel

Spielidee / Durchführung:

Im Spielfeld liegen die Spielkarten mit dem Bild nach unten auf dem Boden. Die Kinder laufen durch das Feld und heben auf Zuruf eine Karte auf. Nun suchen sich alle im Rennen ihre Partner, die die gleiche Kartenbezeichnung haben. Wie lange benötigen die Kinder, bis sich das erste Quartett gebildet hat?

Letztes Paar muss raus

Gruppenspiel: ungerade Spielerzahl

Material: kein

Spielidee / Durchführung:

Alle Kinder außer einem stehen in zwei Reihen nebeneinander mit dem Gesicht zueinander und fassen ihr Gegenüber an den Händen. Das übrig gebliebene Kind steht am Kopf der zwei Reihen, mit dem Gesicht in Richtung „Tunnel" und ruft „Letztes Paar raus". Daraufhin rennt das letzte Paar an den Reihen außen entlang nach vorne und versucht, wieder zusammenzukommen, bevor es dem Rufer gelingt, einen von beiden abzuschlagen. Der Rufer darf erst loslaufen, wenn er einen von beiden im Blickfeld hat.

Octopussy

Gruppenspiel

Material:

kein

Spielidee / Durchführung:

Gespielt wird von einer zu anderen Seite in einem begrenzten Spielfeld. Auf der einen Seite steht der Octopussy, der versucht, die anderen Kinder zu fangen. Dabei darf er nur vorwärts laufen und nicht wieder zurück. Am Anfang ruft er „Eins, zwei, drei Octupussy“ und rennt los. Wurde ein Mitspieler gefangen, muss er sofort stehen bleiben und versuchen, andere Kinder mit seinen Händen zu berühren. Er ist dann ein Fangarm des Octopussys. Hat der Fänger die andere Seite des Spielfeldes erreicht, ruft er erneut „Eins, zwei, ...“. Er und seine Fangarme versuchen, weitere Kinder zu fangen, bis nur noch eins übrig bleibt, welches dann der neue Octopussy ist. Die Kinder müssen fair und behutsam spielen.

Wie viel Uhr ist es, Wolf?

Gruppenspiel:

Fangspiel

Material:

kein

Spielidee / Durchführung:

In der Halle werden zwei Linien abgegrenzt. Ein Kind wird der Wolf. Die übrigen Spieler laufen ihm nach und fragen ihn: „Wie viel Uhr ist es, Wolf?“ Der Wolf antwortet mit einer beliebigen Uhrzeit, z.B. „drei Uhr“. Das Spiel wiederholt sich, während die Teilnehmer weiter nach dem Wolf nachlaufen und ihn nach der Uhrzeit fragen, bis er laut brüllt: „Zeit zum Fressen!“ sich umdreht und versucht, ein Kind zu fangen. Diese versuchen, sich hinter eine Linie zu retten.

E.T.-Telefon

Gruppenspiel

Reihenaufstellung

Material:

kein

Spielidee / Durchführung:

Mehrere Spieler stellen sich hintereinander in einer Reihe auf. Jedes Kind packt nun mit der linken Hand an das linke Bein des Vordermannes. Der Letzte in der Reihe malt mit der rechten Hand einen Buchstaben oder ein Zeichen auf den Rücken des Vordermannes. Dieser gibt es wiederum an seinen Vordermann weiter. Mal sehen, was der Letzte in der Reihe empfängt!

Standschaukel

Partnerspiel

Material: kein

Spielidee / Durchführung:

Zwei Partner stehen sich gegenüber, so dass die Fußspitzen sich berühren. Sie fassen sich an den Händen und lehnen sich vorsichtig zurück, so dass das Gleichgewicht erreicht wird. Jetzt gehen sie abwechselnd in die Hocke und stehen wieder auf.

Quak

Gruppenspiel

Material: kein

Spielidee / Durchführung:

Alle Spieler stellen sich mit gegrätschten Beinen hin. Dann beugen sie sich von der Taille aus nach vorne, fassen mit den Händen die Knöchel oder Knie und schauen durch die Beine. In dieser Stellung bewegen sie sich rückwärts. Jedes Mal, wenn zwei aneinander stoßen, schauen sie sich durch die Beine hindurch in die Augen und begrüßen sich mit einem „Quak!" Dann suchen sie die nächste Begegnung mit einem Hinterteil. Das geht einige Minuten so weiter, bis alle entweder ihre Vernunft wieder gefunden oder ihr Gleichgewicht verloren haben.

Kamelreiter

Partnerspiel

Material:

kein

Spielidee / Durchführung:

Ein Kind spielt auf allen Vieren das Kamel. Sein Reiter setzt sich möglich weit nach hinten auf den Rücken und legt im Nacken des Kamels die Fußsohlen aneinander. In dieser wackeligen Lage soll sich der Reiter halten, auch wenn sich das Kamel mal etwas schneller fortbewegt.

Stand Halten

Partnerspiel

Material: kein

Spielidee / Durchführung:

Dieses Spiel ums Gleichgewicht kann man fast immer und überall durchführen. Man braucht dazu nur einen Partner. Zwei Spieler stellen sich eine Armlänge voneinander entfernt auf. Die Füße der Kinder müssen eng aneinander gestellt sein. Nun berühren sie sich mit den Handflächen und versuchen, sich gegenseitig aus dem Gleichgewicht zu bringen. Finten und Täuschungsmanöver sind erlaubt, solange die Handflächen berührt bleiben.

Chinesische Mauer

Gruppenspiel

Material: Langbänke

Spielidee / Durchführung:

Mehrere Langbänke werden umgekehrt zu einer Mauer nebeneinander auf der Mittellinie gestellt. Zwei Kinder sind die Chinesen, die auf der Mauer Wache halten, ohne dabei herunterzufallen. Auf Kommando versuchen die anderen Kinder, ohne gefangen zu werden, über die Mauer zu springen. Wer gefangen wurde, wird auch zum Chinesen und fängt mit. Wichtig ist, dass die Mauer nur übersprungen wird, wenn das Kommando dafür erfolgt. Das Spiel endet, wenn keine Lücke zum Mauerüberqueren mehr vorhanden ist.

Sohlenkampf

Partnerspiel

Material:

Gymnastikstab

Spielidee / Durchführung:

Zwei Kinder setzen sich auf dem Boden oder auf einer Gymnastikmatte gegenüber. Sie hocken die Beine an und drücken ihre Fußsohlen gegeneinander. In den Kniekehlen hat jeder einen Gymnastikstab. Die Arme werden unter den Stab gelegt und beide Hände umklammern die Unterschenkel (Päckchen). Nach einem Startsignal versucht jeder der beiden Spieler, den anderen mit den Fußsohlen nach hinten zu drücken bis einer der beiden das Gleichgewicht verliert und auf den Rücken rollt.

eigene Ideen & Anmerkungen

Raupe

Gruppenspiel

Material:
kein

Spielidee / Durchführung:

Alle Spieler krabbeln hintereinander auf den Knien und halten mit den Händen die Fußgelenke des Vordermannes fest. So lassen sich auch größere Hindernisse, z. B. Mattenhügel, überwinden und Tunnel aus Kastenteilen durchkrabbeln. Am Anfang sind die Raupen noch sehr klein – etwa drei bis vier Kinder – aber nach etwas Übung gelingt es, eine Raupe aus acht bis zwölf Spielern zu bilden.

Krabbenfangen

Partnerspiel

Material: kein

Spielidee / Durchführung:

Die Paare nehmen die Krabbenstellung ein, indem der Bauch nach oben zeigt, Ellenbogen und Knie gebeugt sind und das Körpergewicht auf Füße und Hände verteilt ist. Nun versucht jeder, den anderen dazu zu bringen, mit seinem Hinterteil den Boden zu berühren. Wer behält am längsten seine Krabbenstellung?

Waschanlage

Gruppenspiel

Material: kein

Spielidee / Durchführung:

Die Spieler stellen sich in zwei gleich langen Reihen mit dem Gesicht zueinander auf. Der Abstand zwischen den Reihen beträgt etwa eine Armlänge. Dann knien sich all hin. Eine Person geht an ein Ende der Reihe und erklärt, welcher Typ von Auto sie ist: „Ich bin ein schmutziger alter Käfer." Dann bewegt sie sich auf allen Vieren durch die Reihe hindurch und ahmt dabei den gewählten Autotyp nach. Es hängt von der Marke, dem Zustand und dem Ideenreichtum der restlichen Kinder ab, wie das Auto gewaschen wird. Mit ihren Händen und Armen spritzen sie das Auto nass, seifen es ein, bürsten den Dreck ab und blasen es trocken.

Krokodil Dundee

Gruppenspiel

Material:

1 Tuch

Spielidee / Durchführung:

Ein Spieler-Krokodil liegt mit verbundenen Augen bäuchlings auf dem Boden. Alle anderen Spieler sind im Vierfüßlerstand um das Krokodil verteilt und berühren es mit der Hand. Auf ein Ruf „Krokodil los“ krabbeln alle so schnell wie möglich weg von dem blinden Krokodil. Dieses versucht einen zu berühren, der dann das neue Krokodil wird.

eigene Ideen & Anmerkungen

5. Kooperative Spiele neu erfinden

Dieses waren einige Beispiele für Kooperative Spiele, die eine praktische Hilfe für das Arbeiten mit Kindern darstellen. Bei vielen Spielen ist der Spielverlauf nicht zwingend festgelegt, sondern kann nach den Wünschen der Beteiligten verändert werden. Aber nicht nur das Verändern von Spielen, sondern auch das Neuerfinden von Kooperativen Spielen ist erlaubt und kommt sehr gut bei Kindern an, die hier mit einbezogen werden sollten.

Um ein neues Spiel zu erfinden, muss der Inhalt der Spiele definiert sein. Dazu zählen:

- Spielziel
- Spielgerät
- Spielstruktur
- Spielaktion
- Gruppengröße.

Im Folgenden werden einige Vorschläge gemacht, die jederzeit verändert und erweitert werden können.

Mögliche Spielziele sind:

Basketballkorb treffen	**Kegel umrollen**	**Turm bauen**
Raten	**Abschlagen**	**Weitwurf**
Alle bilden Kreis	**Jeder findet Partner**	**Ausscheiden**

Mögliche Spielgeräte sind:

Luftballon	**Reifen**	**Kegel**
Seile	**Kleine Bälle**	**Große Bälle**
Matten	**Luftballon + Reifen**	**Seil + Kegel**

Mögliche Spielstrukturen / Felder / Aufstellungen sind:

Kreis	**Reihe**	**Kette**
Viereck	**Basketballfeld**	**Volleyballfeld**
Freie Form	**Haufen**	**Pyramide**

Mögliche Spielaktion / Bewegungsformen sind:

Sitzen	**Rollen**	**Werfen**
Hüpfen	**Tragen**	**Keine Aktion**
Krabbeln	**Stehen**	**Ziehen**

Mögliche Gruppengrößen sind:

Partnerspiel	**Zwei Teams**	**Drei Teams**
Gruppenspiel	**4er Gruppe**	**3er Gruppe**
5er Gruppe	**6er Gruppe**	**Freie Größe**

Für die Aufteilung eignen sich farbige Karteikarten, die im Schreibwarenladen erhältlich sind.
Die Kärtchen werden gemischt und die Kinder ziehen aus jeder Rubrik eine Karte. Aus diesen fünf Anhaltspunkten sollen sie nun eigenständig ein neues Spiel entwickeln.
Am besten teilt man die Kinder in Gruppen auf. Jetzt müssen sie sich, in einem bestimmten Zeitlimit, ein Spiel überlegen. Danach dürfen sie ihre Vorschläge präsentieren und das Spiel mit den anderen Kindern spielen. Allein das Austüfteln macht den Spielern sehr viel Spaß und fördert das Gemeinschaftsdenken.

Schlusswort

Von Kooperation spricht man, wenn sich Personen gegenseitig helfen, ein gemeinsames Ziel zu erreichen und dabei eigene und fremde individuelle Ziele berücksichtigen. Das gemeinsame Ziel kann die Bewältigung einer Aufgabe, einer Schwierigkeit, oder einer Gefahr sein.
Zur Erreichung dieses Lernzieles eignen sich besonders die Kooperativen Spiele. Ihre Schönheit liegt in ihrer Vielseitigkeit und Anpassungsfähigkeit. Sie lassen sich einsetzen bei einer Vielfalt von Teilnehmern und unter unterschiedlichen äußeren Bedingungen. Jeder kann spielen und fast überall.
Kooperative Spiele sollten als durchgehend heitere Spiele alle Mitspieler in gleicher Weise motivieren und sie in die allgemeine Spielfreude einbeziehen. Sie wollen angst- und repressionsfreies Spielerleben gewährleisten und jedem die Chance von Erfolg und Könnensgefühl eröffnen.
Gerade in der Schule und im Verein sollten Kooperative Spiele angeboten und gefördert werden. Sie können einen erheblichen Beitrag zur Sozialerziehung leisten.
Kooperative Verhaltensweisen gehen durch das Leistungs- und Konkurrenzdenken in unserer heutigen Gesellschaft verloren. Diese Werte müssen aber erhalten bleiben, um Monotonie zu vertreiben und Spaß, Freude und Kooperation aufzubauen. Dieses ist der Sinn und Zweck des Spielens und dazu sind die Kooperativen Spiele da. Sie zu spielen sollte möglichst früh begonnen werden.
Anzusetzen ist also bei den Kindern!

Literaturverzeichnis

Benner, T.: Sozialkompetenz entwickeln: 77 Kooperationsspiele zur Förderung der Soft Skills, Hamburg 2020
Gilsdorf, R., Kistner, G.: Kooperative Abenteuerspiele 1: Eine Praxishilfe für Schule und Jugendarbeit und Erwachsenenbildung, 2018 Hannover
Kostyra, K.: Die 50 besten Spiele für gewaltfreie Kommunikation, München 2021
Krenner, A.: 140 Spiele und Übungen zum Sozialen Lernen, 2019 Mülheim an der Ruhr
Lühr, H.: 40 kooperative Spiele, Ebook, Undeloh 2020
Pflug, D.: Soziales Kompetenztraining "Gut drauf - gut dran": Angebote für Kinder und Jugendliche in der Schule und anderen sozialen Kontexten, 2019 Dortmund
Schulz, S., Hesebeck, B., Lilitakis, G.: Praxishandbuch für soziales Lernen in Gruppen, 2015 Aachen
Seidel, H.: Erlebnispädagogik in der Grundschule: 89 Aktionen und Spiele, 2019 München
Stockert, N.: Die 50 besten Spiele für mehr Teamgeist, München 2022